Konzentration fördern

Ingrid Biermann

Das 28-Tage-Erfolgsprogramm

Zu diesem Buch

Bibliografische Information der Deutschen Bibliothek
Die Deutsche Bibliothek verzeichnet diese Publikation in der Deutschen Nationalbibliografie; detaillierte bibliografische Daten sind im Internet über http://dnb.ddb.de abrufbar.

Urania Verlag
Verlagsgruppe Dornier
Postfach 80 06 69, 70506 Stuttgart

www.urania-verlag.de
www.verlagsgruppe-dornier.de

Umschlaggestaltung: Behrend & Buchholz, Hamburg
Umschlagbild: Ross Whitaker/getty images
Redaktion: Jeanette Stark
Satz: BOOKS! made by Thoms, Berlin
Druck: Westermann Druck, Zwickau
Printed in Germany

Wir danken für Abdruckgenehmigungen:
S. 108: Ricardo Pilguj

ISBN 3-332-01496-X

Einleitung

Konzentration, so nimmt man gemeinhin an, ist vor allem eine Sache des Kopfes, eine verstandesmäßige Leistung. Im Wörterbuch wird »Konzentration« mit »Verdichtung«, »zusammenziehen«, »angespannte Aufmerksamkeit« erklärt.

Aufmerksam sein, das ist die Grundlage einer optimalen Konzentration.

Wer sich konzentrieren will, muss sich auf das Wesentliche beschränken, Umweltreize ausschalten und die Gedanken zentrieren. Das ist keine einfache Aufgabe, vor allem nicht für ein Kind.

Jeder Erwachsene hat im Laufe der Zeit eine ganz persönliche Strategie entwickelt, die es ihm ermöglicht, seine Aufmerksamkeit den Anforderungen anzupassen. Doch das Kind muss diese Techniken erst entwickeln. Es muss eigene Wege finden, es muss Möglichkeiten der Konzentration sehen und sie für sich nutzbar machen, es braucht Zeit und Raum, um seine Konzentrationsfähigkeit zu testen. Diesen Prozess kann es nicht allein bewältigen, dabei benötigt es Hilfe von außen. Diese Hilfe sollten in erster Linie Sie, liebe Eltern, Ihrem Kind anbieten. Niemand kennt Ihr Kind so gut wie Sie, niemand kann so gut auf seine Bedürfnisse eingehen wie Sie. Hilfe, gleich welcher Form, sollte immer auf das Kind zugeschnitten sein. In der vertrauten, häuslichen Umgebung fällt es dem Kind leichter, sich seine Aufmerksamkeitsschwächen selbst einzugestehen, und es macht viel mehr Freude, mit vertrauten und lieb gewonnenen Personen die Konzentrationsfähigkeit individuell, ohne Zeitdruck und ohne Fremdbestimmung, aufzubauen.

Doch es ist für die Eltern keine einfache Aufgabe, die Konzentrationsfähigkeit ihres Kindes zu fördern, erleben sie doch tagtäglich, wie schwierig es ist, sich in unserer schnelllebigen Zeit auf das Wesentliche zu besinnen und aufmerksam zu sein. In einer Zeit, in der man steht, wenn man noch sitzt, in der man geht, wenn man noch steht, in der man heute schon an morgen denkt, in der eine Erfindung die andere überholt, ist es für

Eine stabile Konzentrationsfähigkeit fordert heraus, macht Mut und spornt an, durch Leistung die eigenen Grenzen auszutesten.

jeden, aber ganz besonders für ein heranwachsendes Kind, schwer, sich auf das, was gerade getan wird, zu konzentrieren. Diese Fähigkeit soll durch das vorliegende Trainingsprogramm zur Förderung der Konzentration ausgebildet werden. Nicht nur die Kinder, auch die Eltern können davon profitieren! Gemeinsam lernen Eltern und Kind, die Aufmerksamkeit, das heißt die Konzentration, zu entdecken und die Konzentrationsfähigkeit aufzubauen. Eine stabile Konzentrationsfähigkeit ist Voraussetzung für die Lern- und Leistungsbereitschaft eines Kindes; sie erhöht die Chance, erfolgreich und somit zufrieden mit sich selbst zu sein, und sorgt für ein solides Selbstbewusstsein.

Das vorliegende 28-Tage-Programm zur Förderung der Konzentration weckt spielerisch die Sinne und die Wahrnehmungsfähigkeit Ihres Kindes, die die Basis für eine stabile Konzentrationsfähigkeit bilden. Denn Konzentration – das werden Sie in diesem Ratgeber erfahren – ist eben nicht nur eine Sache des Kopfes. Bewegung und wache Sinne, Ruhe und Muße, Neugierde und Experimentierfreude – all das sind Voraussetzungen der Konzentration.

Ein aufmerksames Kind konzentriert sich, das heißt, es ist in der Lage, die äußeren Reize abzuziehen, die Dinge vor sich und um sich herum wahrzunehmen und sich auf das, was von ihm verlangt wird, zu konzentrieren. Mit Leichtigkeit und Erfolg erledigt es dann sein Tagespensum.

Ich wünsche Ihnen und Ihrem Kind viel Spaß bei den gemeinsamen Spielen und Aufgaben in diesem Buch.

Ingrid Biermann

Wache Sinne

und ein förderliches Umfeld – Voraussetzungen der Konzentration

Natürlich ist Konzentration eine Leistung des Kopfes. Doch damit Aufmerksamkeit möglich ist, müssen auch alle Sinne optimal zusammenwirken. Denn die Wahrnehmung erfolgt über die Sinne und ist mit zielgerichtetem Denken untrennbar verbunden. Konzentrationsförderung setzt daher bei einer bewussten Schärfung der Sinne an. Darüber hinaus erfordert Konzentration bestimmte Rahmenbedingungen – Ruhe, ein geordnetes Umfeld, körpergerechtes Mobiliar. Diese wichtigen vorbereitenden Maßnahmen für ein erfolgreiches Konzentrationsprogramm werden in diesem Kapitel beschrieben.

Wie Bewegung, Wahrnehmung, Ruhe, Ernährung, Musik, Farben und Düfte die Konzentrationsfähigkeit beeinflussen

Bei der Entwicklung der Konzentrationsfähigkeit wirken viele Faktoren zusammen, die auf den ersten Blick gar nichts mit »Denken« zu tun haben.

Die Bedeutung der Bewegung

Bewegung unterstützt und fördert die geistige Entwicklung in verschiedener Hinsicht:
Bewegung erfordert das Kombinieren, Verknüpfen und Variieren von Abläufen. Dieser Prozess wiederum verlangt viel Aufmerksamkeit und die Fähigkeit, störende Außenreize auszuschalten und sich auf das Wesentliche zu konzentrieren. Bewegung erfordert Genauigkeit, Sorgfalt und Achtsamkeit beim Einhalten und Auseinandersetzen mit Abläufen und schult damit Disziplin und Ausdauer. Bewegung macht beweglich, sie hilft, spontan zu handeln, sie unterstützt den Aufbau von sozialen Kontakten und fördert den Abbau von Stress. Bewegung baut das Selbstbewusstsein des Kindes auf.

> Hat das Kind zu wenige Möglichkeiten zu vielseitiger Bewegung, so wird seine gesamte Entwicklung beeinträchtigt; Folge ist sehr häufig auch eine gestörte Aufmerksamkeit.

Die Bedeutung der Wahrnehmungsfähigkeit

Sich auf etwas konzentrieren heißt, genau zu schauen, genau zu hören, genau zu fühlen, genau wahrzunehmen. Erst wenn die Sinne wach sind, ist auch die Aufmerksamkeit wach und das Kind kann etwas fehlerfrei, locker und mühelos tun. Daher sind Sinnesanregungen so bedeutsam. Je sensibler die Wahrnehmung ist, umso besser kann das Kind kombinieren, sortieren, differenzieren und zusammenfügen, das heißt umso besser bilden sich seine kognitiven Fähigkeiten aus.

> Verkümmerte Sinne blockieren die Wahrnehmungsfähigkeit und damit die Fähigkeit, aufmerksam zu sein.

Die Bedeutung der Ruhe

»In der Ruhe liegt die Kraft« lautet ein Sprichwort, das über Generationen hinaus bekannt ist und dessen Wirkung wir alle mehr oder weniger kennen. Ein unruhiges Kind ist ein unaufmerksames Kind. Es nimmt viele Informationen nicht auf, da es seine Aufmerksamkeit nicht auf das Wesentliche lenken kann. Es kann nicht lange bei einer Sache verweilen, es kann nicht in die Tiefe gehen und es kann Informationen nicht zuordnen und abspeichern. Es ist fahrig und wirkt genervt. Ein unruhiges Kind ist nicht belastbar, es steht sich selbst im Weg und blockiert somit seine Aufnahmefähigkeit.
Kinder brauchen daher immer wieder Ruhephasen und Ruhezonen, in denen sie sich und ihren Körper wieder spüren und Gedanken sortieren können. Dieses Zur-Ruhe-Finden kann durch eine wohltuende Massage unterstützt werden.
Unruhige Kinder zur Ruhe zu bringen ist jedoch ein langer und oft schwerer Weg. Es erfordert Geduld, Fingerspitzengefühl und Einfühlungsvermögen, dem Kind Hilfen zum Aufbau der Aufmerksamkeit zu geben. Doch diese Geduld zahlt sich aus.

Eine Massage wirkt beruhigend und stärkt das Band zwischen Eltern und Kind. Es spürt durch die sanfte Berührung: Ich bin für dich da.

Die Bedeutung der Ernährung

Die Bedeutung einer ausgewogenen Ernährung ist inzwischen hinlänglich bekannt. Trotzdem findet man besonders bei Kindern oft erschreckende Ernährungsgewohnheiten. Chips, Cola, Hamburger, Pommes frites, Süßigkeiten stehen hoch im Kurs. Die Folgen einer solch kalorienreichen, aber aus ernährungswissenschaftlicher Sicht »inhaltslosen« Ernährung sind weithin erkennbar – Faulheit in der Bewegung, im Denken und im Handeln macht sich breit. Der Mangel an wichtigen

Die Ernährung beeinflusst das Wohlbefinden und wirkt sich auch auf die Konzentrationsfähigkeit aus. Eine vollwertige Ernährung und viel Wasser sind Bausteine für eine gute Konzentration.

Nährstoffen macht nicht nur den Körper, sondern auch den Geist träge. Die Folge ist eine blockierte Aufmerksamkeit und Aufnahmefähigkeit und damit eine Behinderung des kognitiven Wachstums. Eine Veränderung des Essverhaltens ist daher unerlässlich.

Gemüse, Obst, Vollwertkost versorgen den Körper mit den Vitaminen und Mineralstoffen, die er für sein körperliches und geistiges Wachstum und die Aufrechterhaltung der Konzentration benötigt. Und auch eine ausreichende Flüssigkeitszufuhr ist Voraussetzung für einen »klaren« Kopf.

Wasser ist Leben und ernährt den Körper und den Geist. Es macht fit, den Kopf frei und aufnahmefähig. Giftstoffe werden ausgespült und Zellen können sich erneuern.

Machen Sie sich einmal bewusst, welche Faktoren die Aufmerksamkeit beeinflussen.

Die Bedeutung von Farben, Musik und Düften

Haben Sie schon einmal längere Zeit auf eine rote Wand, ein rotes Bild oder auf einen roten Pullover geschaut? Wie ist es Ihnen dabei ergangen? Wurden Sie unkonzentriert und unruhig, ließ Ihre Aufmerksamkeit nach? Das passiert nicht, wenn Sie das Grün einer Wiese betrachten, das Grün der Bäume wahrnehmen oder auf ein grünes Tuch schauen. Diese Farbe macht Sie ruhig, lässt Sie verweilen, hilft Ihnen, aufmerksam eine Sache, zum Beispiel einen Käfer, zu beobachten. Farben können also die Konzentrationsfähigkeit sowohl positiv als auch negativ beeinflussen. Auch Musik und bestimmte Düfte lenken die Aufmerksamkeit.

Die folgende Übersicht kann Ihnen bei der Auswahl der Düfte, Farben und der Musik, die die Konzentrationsfähigkeit Ihres Kindes beeinflussen, helfen.

Farben, die die Konzentration unterstützen:
Grün beruhigt und sorgt für Lebendigkeit.
Blau beruhigt und sorgt für einen kühlen Kopf.
Gelb und Orange stehen für Aktivität und fördern die Konzentration.
Braun »erdet« Kinder, die sehr fahrig sind.
Rot ist anregend und belebt sehr ruhige Kinder.

Hinweis: Streichen Sie jedoch nicht das ganze Zimmer in einer dieser Farben. Besser ist es, Seidentücher oder Stofftücher in den gewünschten Farben an einer weißen Wand zu befestigen. Die Tücher können auch immer mal wieder ausgetauscht werden. Einfarbige Bilder (Ölfarbe auf einer Leinwand), von Ihrem Kind gemalt, erfüllen den gleichen Zweck und fördern ganz nebenbei kreativ die Konzentration.

Düfte, die die Konzentration unterstützen:
Mandarine wirkt aufheiternd und entkrampfend.
Orange hilft ängstlichen Kindern.
Rose bringt das Kind in die Balance.
Honig und Vanille wirken beruhigend.
Benzoe fördert den Bezug zur Wirklichkeit.
Neroli wehrt übermäßige Außenreize ab.

Wichtig: Düfte haben eine therapeutische Wirkung, das heißt, sie dürfen nie unverdünnt eingeatmet, nie getrunken, nie unverdünnt auf die Haut aufgetragen werden und nie zu nah am Bett stehen. Zu starkes Inhalieren verkrampft die Atemwege (dies kann, besonders bei jüngeren Kindern, zum Atemstillstand führen).

Anwendung: Drei Tropfen des Duftöls in eine Duftschale mit Wasser geben und auf die Fensterbank stellen. Bitte frühzeitig das Teelicht löschen, sonst verbrennt der Duft in der wasserleeren Schale und entwickelt einen schädlichen Duft. Wechseln Sie hin und wieder die Duftsorte, damit sich der Geruchsinn entwickeln kann.

Musik, die die Konzentration unterstützt:
Sicherlich kennen auch Sie jemanden, der bei Musik gut lernen kann. Und tatsächlich: Mit Musik geht das Lernen besser – aber nur mit der richtigen!
Falsche Musik stört die Konzentration. Bestimmte Musik kann bei Arbeiten, die nicht zu viel Konzentration verlangen, die Aufmerksamkeitsfähigkeit erhöhen.
Geeignet ist klassische Musik von Bach, Beethoven, Mozart sowie Marschmusik. Rockmusik dagegen beeinträchtigt die Konzentration.

Die Eigenbeobachtung

Um Klarheit über die eigene Konzentrationsfähigkeit zu bekommen, ist es für die Eltern sehr wichtig, vor Beginn des 28-Tage-Programms eine Eigenbeobachtung vorzunehmen.

Ein Sprichwort besagt: »So wie man in den Wald hineinruft, so schallt es heraus.« Leicht abgewandelt bedeutet dies: »Was ich meinem Kind vorlebe, das lebt es selbst auch.« Gemeint ist hierbei die Vorbildfunktion. Bin ich als Elterteil unkonzentriert, so ist die Wahrscheinlichkeit, dass mein Kind auch unkonzentriert ist, groß. Schaue ich fern, wenn ich einen Brief schreibe und mich eigentlich konzentrieren will, so ist für das Kind die Versuchung groß, es ebenso zu machen. Man könnte viele solcher Beispiele geben, um klar zu machen, wie beeinflussend die Vorbilder sind, mit denen es ein Kind zu tun hat. Daher ist es ratsam, sich selbst einmal über mehrere Tage zu beobachten, um die eigene Konzentrationsfähigkeit festzustellen. Sie werden nach dieser Eigenbeobachtung erstaunt sein, wie wenig oder wie gut Sie sich konzentrieren können, und vielleicht zu dem Entschluss kommen, etwas verändern zu wollen, oder aber Ihr gewohntes Verhalten beizubehalten.

Um Ihnen die Eigenbeobachtung ein wenig zu erleichtern, finden Sie im Folgenden einige Beobachtungspunkte beziehungsweise Fragen, die Sie für sich beantworten und in einem kleinen Konzentrationstagebuch vermerken können.

A) Erste Phase der Eigenbeobachtung

Beobachten Sie sich zunächst über einen Zeitraum von zwei bis drei Tagen zu verschiedenen Tageszeiten, in verschiedenen Situationen, an verschiedenen Orten und überprüfen Sie Ihre Konzentrationsfähigkeit. Beantworten Sie dabei zum Beispiel folgende Fragen:

- Kann ich einen Zeitungsartikel lesen, ohne mich von Außengeräuschen stören zu lassen?
  Ja Nein
- Lese ich ihn so konzentriert, dass ich Einzelheiten wiedergeben kann?
  Ja Nein
- Kann ich alltägliche Tätigkeiten ausführen, zum Beispiel die Spülmaschine ausräumen, ohne mich unterbrechen zu lassen?
  Ja Nein
- Führe ich Dinge zu Ende?
  Ja Nein
- Höre ich so zu, dass ich das Gehörte dem Ablauf nach wiedergeben kann?
  Ja Nein
- Kann ich eine Zeit lang (vier Minuten) aus dem Fenster schauen, ohne an etwas anderes zu denken und unruhig zu werden?
  Ja Nein
- Kann ich mir sechs bis acht Dinge aus dem Umfeld genau anschauen, merken und dann wiedergeben?
  Ja Nein
- Kann ich gedanklich drei Tage aus der Erinnerung zurückverfolgen?
  Ja Nein

- Kann ich erzählen, was ich vorgestern gegessen, gestern um 15 Uhr gemacht und heute Morgen zum Frühstück gegessen habe?
  Ja Nein
- Kann ich drei wichtige Telefonnummern spontan nennen?
  Ja Nein
- Kann ich meinem Kind zuhören, ohne dabei an etwas anderes zu denken, ohne zwischendurch etwas zu erledigen, ohne mein Kind zu unterbrechen?
  Ja Nein
- Kann ich mit meinem Kind ein Spiel spielen, ohne zwischendurch aufzustehen, um etwas zu trinken, um nachzuschauen, ob der Herd ausgestellt ist usw.?
  Ja Nein

Hinweis: Diesen Fragebogen können Sie beliebig verändern oder immer wieder neu gestalten. Am Ende dieser Eigenbeobachtung können Sie anhand Ihrer Antworten die eigene Konzentrationsfähigkeit feststellen.

B) Zweite Phase der Eigenbeobachtung

Durch die Eigenbeobachtung entwickeln Sie ein besseres Verständnis für die Konzentrationsfähigkeit Ihres Kindes.

Stellen Sie nun fest, wodurch Sie sich aus der Konzentration bringen lassen, zum Beispiel

- durch ein ununterbrochen laufendes Radio oder den ständig laufenden Fernseher
- durch ständiges Läuten des Telefons
- durch herumliegende Zeitungen
- durch ein unaufgeräumtes Zimmer
- durch Berge ungebügelter Wäsche
- durch das Strickzeug, das gut sichtbar im Korb liegt
- durch das Bedürfnis zu rauchen (oder andere Gelüste)
- durch die gut sichtbare Uhr usw.

Tragen Sie die Störfaktoren mit Uhrzeit in Ihr Tagebuch ein.

C) Dritte Phase der Eigenbeobachtung

Stellen Sie nun fest, ob Ihre Umgebung konzentrationsfördernd oder eher konzentrationsstörend ist. Überprüfen Sie folgende Dinge und beantworten Sie diese wieder mit Ja oder Nein:

- Steht alles an seinem Platz und muss nichts gesucht werden?
  Ja Nein
- Ist alles so sortiert und geordnet, dass ich jedes Teil sofort finde?
  Ja Nein
- Habe ich gemütliche Plätze, an denen ich mich konzentriert einer Tätigkeit widmen kann (zum Beispiel ein Buch lesen)?
  Ja Nein
- Ist mein Tagesablauf harmonisch strukturiert; habe ich Zeit, um in Ruhe und konzentriert meine Aufgaben erledigen zu können?
  Ja Nein
- Gönne ich mir genügend Ruhe, um wieder zur Konzentration zu finden?
  Ja Nein

D) Vierte Phase der Eigenbeobachtung

Überprüfen Sie Ihre Haltung und beobachten Sie sich. Hören Sie sich bewusst zu und beantworten Sie für sich folgende Fragen:

- Spreche ich deutlich, undeutlich, klar, verständlich? Ist meine Sprache freundlich, motivierend oder eher einschläfernd? Spreche ich zu laut, zu leise, zu bestimmend, zu schnell oder zu langsam usw.?
- Wie ist meine Körperhaltung, während ich mit einem anderen Menschen kommuniziere – aufrecht oder eher gekrümmt; ruhig oder eher zappelig? Habe ich Blickkontakt, wirke ich sicher oder unsicher usw.?
- Gebe ich anderen Menschen die Möglichkeit zum Dialog oder halte ich eher einen Monolog, sodass die Menschen meinen Worten nicht mehr folgen und abschalten?

Wenn Sie für positive Konzentrationsverstärker sorgen, werden Sie feststellen, dass sich die Aufmerksamkeit viel leichter aufrechterhalten lässt.

Wenn Sie sich intensiv beobachtet haben, gilt es nun zu überprüfen, welche Faktoren verändert werden müssen und in welcher Weise die Veränderungen erfolgen sollen. Auf diese Weise schaffen Sie gute Voraussetzungen zur Förderung der eigenen Konzentrationsfähigkeit.
Da Sie festgestellt haben, wo, wann und zu welcher Tageszeit Sie sich am besten konzentrieren können, können Sie Ihre Aktivitäten zukünftig auch am richtigen Ort zur richtigen Zeit konzentriert durchführen. Unterstützend wirken ein schöner Blumenstrauß, ein aufgeräumtes Zimmer, ein schönes Bild oder eine appetitlich anzusehende Schale mit Obst.

Führen Sie ein Konzentrationsbuch, in das Sie alle positiven und negativen Erlebnisse eintragen; führen Sie dabei auch Begründungen an, warum und weshalb es mit der Konzentration nicht geklappt hat, denn erst dann können Sie Ihre Konzentrationsfähigkeit positiv steuern.

Die Konzentrationsfähigkeit ist oft auch abhängig von der Tagesform, der Uhrzeit und der momentanen Befindlichkeit. Der folgende Test zeigt Ihnen, dass ein Lied zu verschiedenen Zeiten oder in verschiedenen Situationen Ihre Konzentrationsfähigkeit einmal positiv, ein anderes Mal aber auch negativ beeinflussen kann.

Test

Hören Sie sich ein Ihnen nicht so sympathisches Musikstück an und beobachten Sie dabei Ihr Befinden. Hören Sie dieses Musikstück mehrere Tage lang zu verschiedenen Tageszeiten und an verschiedenen Orten und erspüren Sie jeweils, wie es Ihnen dabei geht. Sie werden bald erkennen, was Ihre Konzentrationsfähigkeit, Ihre Aufmerksamkeit stört. Tragen Sie alle

Beobachtungen in Ihr Buch ein. Sie werden sehen, wie schnell sich die Konzentration verändert und wodurch sie beeinflusst wird. Dann können Sie erkennen, wann, wie und wo Sie am aufmerksamsten sein können.

Die Fremdbeobachtung

Der zweite Schritt, bevor ein Konzentrationstraining durchgeführt wird, ist die Fremdbeobachtung, das heißt die Beobachtung Ihres Kindes bei verschiedenen Tätigkeiten, zu verschiedenen Zeiten, an verschiedenen Orten und in verschiedenen Situationen. Die Beobachtung zu verschiedenen Zeiten ist wichtig, um festzustellen, zu welcher Tageszeit Ihr Kind am besten konzentriert ist. So können Sie herausfinden, wann das Konzentrationstraining am wirkungsvollsten sein wird.
Nehmen Sie sich mindestens drei Tage Zeit für diese Fremdbeobachtung und tragen Sie alle Beobachtungen in Ihr Beobachtungsbuch ein; je länger die Beobachtungszeit ist, umso korrekter ist das Beobachtungsergebnis.
Hinweis: Bevor Sie sich zu diesem Schritt entschließen, ist es wichtig, mit Ihrem Kind über das, was Sie vorhaben, zu reden. Nehmen Sie sich für dieses Gespräch genügend Zeit und versuchen Sie Ihrem Kind die Bedeutung dieser gemeinsamen Aktion zu erklären. Es soll spüren, dass dieses Programm für den Aufbau seiner Konzentrationsfähigkeit, für seine Lern- und Leistungsfähigkeit, für seine Persönlichkeitsentwicklung hilfreich ist. Sagen Sie ihm, dass dieses Programm nur eine Sache zwischen Ihnen beiden ist und niemand davon erfährt, wenn es das Kind nicht möchte. Bauen Sie Vertrauen auf, denn nur dann ist es auch bereit, in den nächsten Tagen aktiv mitzumachen.
Es ist wichtig, jeden Schritt mit Ihrem Kind zu besprechen und um »Erlaubnis« zu bitten; denn solch ein Programm sollte nicht ohne die Zustimmung des Kindes durchgeführt werden.

Jedes Kind hat seinen eigenen Rhythmus und somit auch seine eigene Zeit, zu der es am besten konzentriert sein kann.

Schenken Sie den Einwänden Ihres Kindes Beachtung und machen Sie ihm deutlich, dass Sie diese respektieren. Verändern Sie dementsprechend Ihre Vorgehensweise, damit Ihr Kind nicht blockiert wird.
Sind alle Einwände geklärt, können Sie mit Ihrer Beobachtung zur Vorbereitung des Programms beginnen. Machen Sie sich zusätzliche Bemerkungen, zum Beispiel wie gut oder schlecht der emotionale Zustand Ihres Kindes zum Zeitpunkt der Beobachtung war, wie gut oder wie schlecht es Ihnen ging, wie der bisherige Tagesablauf war usw. Diese Dinge müssen bei der näheren Betrachtung berücksichtigt werden.
Bei den Beobachtungen von etwa 15 bis 30 Minuten sollten folgende Fragen beantwortet und folgende Dinge berücksichtigt werden:

- Wie ist das momentane Umfeld, in dem ich mein Kind beobachte? (Aufgeräumt, unaufgeräumt)
- Beeinflussen viele Nebengeräusche und andere Reize die Konzentrationsfähigkeit, zum Beispiel ein offenes Fenster (Straßengeräusche), Radio, Fernseher, das laute Ticken der Uhr, die Spülmaschine usw.?
- Wann beobachte ich mein Kind? (Nach einem anstrengenden Schulvormittag, direkt nach dem Aufstehen, nach einer spannenden Fernsehsendung, nach einem Geschwisterstreit usw.)
- Wie verändert sich mein Kind innerhalb der Beobachtungszeit?
  - Es wird in der Sprache, in den Bewegungen klarer, ruhiger und entspannter.
  - Es beginnt seine Arbeit bzw. Tätigkeit unkonzentriert und wird dann immer konzentrierter.
  - Es wird in der Sprache und in den Bewegungen immer unruhiger und unklarer.
  - Es beginnt seine Arbeit bzw. seine Tätigkeit konzentriert und wird immer unkonzentrierter.

- Es stellt viele / es stellt wenige Zwischenfragen, die nichts mit der Sache zu tun haben.
- Es sucht Möglichkeiten / es sucht keine Möglichkeiten, um aufzustehen und etwas anderes zu tun, wie Toilettengang, Getränke holen usw.

In die Beobachtung gehören auch Fragen, die sich mit dem Tagesablauf, mit den Ernährungsgewohnheiten, mit den Freunden und den schulischen Anforderungen beschäftigen, zum Beispiel:

- Wie geordnet / nicht geordnet ist der Tagesablauf meines Kindes?
- In wie viele Freizeitaktivitäten ist es eingebunden?
- Wie viele Kurse oder Veranstaltungen laufen in der Freizeit?
- Welche schulischen Erfolge oder Misserfolge hat es zu bewältigen?
- Wie sieht sein Freundeskreis aus?
- Wie viel Schlaf und Möglichkeiten zum Entspannen bekommt es?
- Wie sehen seine Ess- und Trinkgewohnheiten aus?
- Wie viel Ausgleichssport betreibt mein Kind?

Der letzte Punkt der Fremdbeobachtung ist ein Gespräch, welches Sie mit Ihrem Kind führen. Darin soll es sich zu dem Thema selbst äußern. Es soll versuchen auszudrücken, welche Dinge zu seiner Unkonzentriertheit beitragen und wie eine bessere Konzentrationsfähigkeit seiner Meinung nach erzielt werden kann.
Akzeptieren Sie bitte auch Dinge, die gegen Sie gerichtet sind, zum Beispiel zu viel Strenge, zu viele Anforderungen, zu wenig Zuwendung usw.
Alle Beobachtungsergebnisse sowie die Faktoren, die die Beobachtung beeinflusst haben, werden in das Beobachtungsbuch eingetragen. Danach kann festgestellt werden, welche Bedin-

gungen im Vorfeld schon verändert werden müssen, zum Beispiel die Strukturierung des Tagesablaufs, Stressabbau im Freundeskreis, Veränderung der Essgewohnheiten usw. Diese Veränderungen sollten jedoch mit dem Kind besprochen und mit ihm gemeinsam neu festgelegt werden.

Ein geordnetes Umfeld

Eine aufgeräumte und geordnete Umgebung fördert das Lernverhalten Ihres Kindes und führt automatisch zu einer besseren Konzentrationsfähigkeit.

Wenn alle Beobachtungsergebnisse geklärt und einige Veränderungsideen bereits in die Tat umgesetzt worden sind, werden gemeinsam mit dem Kind das Umfeld, der Tagesablauf und verschiedene andere Dinge neu und übersichtlich strukturiert. Akzeptieren Sie dabei die Wünsche und Vorstellungen Ihres Kindes, damit es sich in seinem neuen Umfeld wohl fühlt.

Das Umfeld ordnen und strukturieren

Erforderliche Maßnahmen können sein:

- das Kinderzimmer entrümpeln und gemeinsam mit dem Kind überflüssige Utensilien aussortieren,
- eventuell das Zimmer in einer vom Kind gewählten Farbe neu streichen (Hinweise zu Farben, die die Konzentration beeinflussen, finden Sie auf Seite 13),
- Farben, Stifte und andere Utensilien in Schuhkartons, Dosen und Boxen sortieren und gut sichtbar bereitstellen,
- Schreibtisch aufräumen und wichtige Materialien griffbereit aufbewahren (Stifte, Schere, Lineal, Radiergummi usw.),
- Arbeitshefte, Malblock, Patronen usw. immer vorrätig haben und geordnet und griffbereit stellen,
- einen Rücken schonenden Sitzplatz schaffen (siehe Seite 25 ff.),
- für gute Beleuchtung sorgen,
- für eine sauerstoffreiche Luft sorgen,
- eine Ruhemöglichkeit schaffen (Sofa, Matratze, Schaukelstuhl),

- mögliche Störfaktoren, wie Radiorekorder, Fernseher, Gameboy usw., entfernen,
- das Zimmer mit einem »Ruheposter«, wie Wald, Wiese, Wasserfall, schmücken,
- eventuell einen Zimmerbrunnen oder eine Duftlampe aufstellen, die Ruhe und Konzentration unterstützen,
- den Schlafplatz überprüfen (Matratze, Bettgröße usw.).

Sollte Ihr Kind in Ihrer Nähe (Küche, Wohnzimmer) spielen und / oder Schulaufgaben machen, richten Sie ihm bitte an diesem Ort einen akzeptablen Spiel- oder Arbeitsplatz ein und schaffen Sie auch hier ein ruhiges, geordnetes Umfeld.
Hinweis: Vielleicht wollen Sie bei dieser Gelegenheit auch das gesamte Wohnumfeld ordnen, denn die Konzentrationsfähigkeit wird in jedem Raum von der Umgebung beeinflusst.

Die Neustrukturierung des Tagesablaufs

Überprüfen Sie gemeinsam mit Ihrem Kind den »Ist-Zustand« des momentanen Tagesablaufs. Schreiben Sie alle Aktivitäten übersichtlich untereinander auf. Gehen Sie sorgsam Tag für Tag durch. Lassen Sie sich nun von Ihrem Kind vorschlagen, worauf es verzichten möchte und kann und worauf nicht. Streichen Sie Veranstaltungen, auch wenn Sie von ihrer Wichtigkeit überzeugt sind. Diese Aktivitäten können zunächst probehalber aus dem Tagesprogramm genommen und später wieder eingebaut werden (zum Beispiel Flötengruppe, eine bestimmte Sportveranstaltung usw.).
Regeln Sie mit Ihrem Kind den Tagesablauf. Weisen Sie es auf Besonderheiten hin, zum Beispiel, dass Sie festgestellt haben, dass es sich zwischen 15 und 16 Uhr am besten konzentrieren kann. Legen Sie in diese Zeit Aufgaben, die sehr viel Konzentration erfordern. Planen Sie in den Tagesablauf immer wieder

Ruhepausen ein und geben Sie Ihrem Kind für Routineabläufe ausreichend Zeit, zum Beispiel für das Aufstehen, Essen oder Zubettgehen.
Gliedern Sie den Ablauf des Tages mit Ihrem Kind so, dass Anspannungszeit und Entspannungszeit in gleicher Weise ihren Platz finden. Ist der Anspannungsbogen zu lang, zeigt sich Unkonzentriertheit.

Der richtige Zeitpunkt für das Trainingsprogramm

Machen Sie Ihrem Kind verständlich, dass feste Rituale, Disziplin und Regelmäßigkeit von ihm gefordert werden, aber dass Sie immer für es da sind.

Überlegen Sie mit Ihrem Kind, wann Sie das Konzentrationstraining in den Tagesablauf einbauen können. Planen Sie dafür 15 bis 20 Minuten pro Tag ein. Diese Zeit sollte genau festgelegt und immer eingehalten werden.
Geben Sie Ihrem Kind ein Trainingsbuch zur Hand. Darin können Erfolge, Misserfolge und andere Vorkommnisse festgehalten werden.
Geben Sie Ihrem Kind die Zielsetzungen jeweils nur für eine Woche bekannt und formulieren Sie wochenweise mit Ihrem Kind einen Vorsatz, ein Wochenziel, zum Beispiel: »In dieser Woche will ich meine Schularbeiten machen, ohne zwischendurch aufzustehen und mich abzulenken.«
Wichtig: Weisen Sie Ihr Kind darauf hin, dass es vor Beginn der Trainingszeit alle erforderlichen Materialien griffbereit haben sollte; es sollte zur Toilette gegangen sein und sich ein Glas Wasser griffbereit stellen. Störfaktoren müssen ausgeschaltet sein.
Bestimmen Sie mit Ihrem Kind den Tag, an dem das Trainingsprogramm beginnen soll. Legen Sie das 28-Tage-Programm nicht in eine Zeit, die durch unvermeidbare Feste und Veranstaltungen gestört werden kann. In diesem Fall ist es besser, das gesamte Programm zu verschieben.

Wichtige Regeln für die Durchführung des Trainingsprogramms

1. Stellen Sie sicher, dass Sie und Ihr Kind während der Trainingszeit nicht gestört werden. Wenn Sie das Training in einem bestimmten Zimmer durchführen, hängen Sie an die Tür ein Schild mit der Aufschrift: Bitte nicht stören.
2. Sorgen Sie dafür, dass alle Materialien, die Sie in der nächsten Viertelstunde benötigen, griffbereit sind.
3. Schicken Sie Ihr Kind noch einmal zur Toilette.
4. Legen Sie Papiertaschentücher griffbereit.
5. Stellen Sie alles, was stören könnte, ab.
6. Legen Sie das Trainingsbuch und Abziehsterne zur Belohnung, das heißt für die Bewertung der jeweiligen Trainingseinheit, griffbereit. Ihr Kind soll sich nach jeder Trainingseinheit selbst mit einer Punktzahl von eins bis drei bewerten und in sein Beobachtungsbuch die entsprechende Anzahl an Sternen, Punkten oder anderen Abziehbildern kleben.
   1 Stern = Ich bin mit mir nicht zufrieden.
   2 Sterne = Ich bin mit mir zufrieden.
   3 Sterne = Ich bin mit mir sehr zufrieden.
7. Sorgen Sie für ein ordentliches und motivierendes Umfeld.
8. Formulieren Sie Ihre Anweisungen klar und deutlich; während der Arbeit werden sie nicht wiederholt.

Wie das Sitzen die Aufmerksamkeit beeinflusst

Haben Sie auch schon einmal längere Zeit sehr unbequem gesessen, zum Beispiel in den engen Reihen eines Theatersaales? Dann wissen Sie bestimmt auch noch, wie es dabei nach einiger Zeit um Ihre Konzentrationsfähigkeit bestellt war. Sie wurden unruhig und mussten ständig Ihre Sitzhaltung verändern. Dadurch nahm Ihre Aufmerksamkeitsfähigkeit weiter ab und Sie

haben von dem Theaterstück nur noch die Hälfte mitbekommen. An diesem Beispiel erkennen Sie, wie sehr eine gute Sitzposition die Fähigkeit, aufmerksam zu sein, beeinflusst. Darum ist eine optimale Sitzgelegenheit für die Zeit der Hausaufgaben, in der das Kind sich am intensivsten konzentrieren muss, von großer Bedeutung.
Sparen Sie daher nicht am Schreibtisch und auch nicht am Schreibtischstuhl. Beide Möbelstücke unterstützen, wenn sie richtig gewählt werden, die Konzentrationsfähigkeit. Im folgenden Abschnitt finden Sie einige Hinweise dazu, worauf Sie bei der Auswahl eines Schreibtischs und des dazugehörenden Stuhls achten sollten.

Die richtige Sitzhaltung

Ein zu niedriger Schreibtisch sowie ein ergonomisch unpassender Stuhl beeinträchtigen nicht nur die Konzentrationsfähigkeit, sondern schädigen auch die Wirbelsäule.

Die Ellenbogen befinden sich, wenn der Arm auf dem Schreibtisch aufliegt und angewinkelt ist, waagerecht in Höhe des Schreibtischs.
Die Stuhllehne sitzt genau im unteren Rückenbereich und stützt den Beckenrand ab. Sollte dies nicht der Fall sein, kann ein Lenden- oder Lordosekissen (halbrundes Kissen) in Höhe der unteren Wirbelsäule am Stuhl befestigt werden.
Die Sitzfläche des Stuhls ist ein wenig nach vorne gebeugt. (Diese Position kann mit einem schrägen Sitzkissen, einem Sitzkeil, herbeigeführt werden.)
Die Beine haben festen Bodenkontakt und die Fußsohlen stehen auf dem Boden. (Dies kann durch eine entsprechend hohe Fußbank unterstützt werden.)

Das richtige Mobiliar

Ein guter Schreibtisch zeichnet sich dadurch aus, dass er mitwächst. Entsprechend der Körpergröße sollte er so verstellt werden, dass die oben genannte Sitzposition eingenommen werden kann.

Die Arbeitsfläche sollte in sich verstellbar sein, das heißt, sie sollte schräg gestellt werden können. Ist die Schreibtischfläche nicht verstellbar, so hilft ein schräges Holzpult, welches auf den Tisch gestellt werden kann. Die Winkelstellung beträgt dabei etwa 16 Grad. (Wenn Sie ein Tischpult selbst herstellen wollen, achten Sie darauf, dass die Arbeitsfläche des Tischpults etwa so groß ist wie die des Schreibtischs und nicht hin und her rutschen kann. Ein kleiner Rand rechts und links sollte bleiben, um Stifte usw. abzulegen.)

Der Stuhl und der Tisch müssen dem Wachstum immer neu angepasst werden, denn eine falsche Sitzhaltung kann die Aufmerksamkeitsfähigkeit blockieren und die Konzentration negativ beeinflussen.

Entspannungsmethoden zur Förderung der Konzentrationsfähigkeit

Kinesiologie

Das Wort Kinesiologie ist von dem griechischen Wortstamm »Kin« abgeleitet und bedeutet Bewegung. Wir wissen, dass Bewegung unser Wohlbefinden beeinflusst. Bewegung versorgt uns mit der so notwendigen Energie. Bewegungsmangel blockiert den Energiefluss und bringt uns aus dem Gleichgewicht. Körperliche und seelische Erkrankungen können die Folge sein. Doch nicht nur Bewegungsmangel trägt Schuld an so manchem Leiden, sondern auch Stress. Stress greift Jung und Alt an; er stört das Gleichgewicht und blockiert die Entwicklung, das Vorwärtskommen. So kommt es immer häufiger zu Auffälligkeiten und Krankheiten. Konzentrationsmangel, Leistungsabfall, Nervosität, geringe Belastbarkeit sind nur einige dieser typischen Zivilisationskrankheiten.

Durch verschiedene Entspannungsmethoden gelingt es, das eigene Befinden selbst zu beeinflussen und positiv zu verändern.

Die in der ersten Woche erklärten kinesiologischen Übungen – Brain-Gym – sind »Gymnastik für das Gehirn«. Sie sorgen dafür, dass die rechte und linke Gehirnhälfte miteinander ausgeglichen arbeiten. Bei regelmäßig durchgeführten Brain-Gym-Übungen bleibt das Gehirn bis ins hohe Alter fit und den oben genannten Auffälligkeiten kann schon in früher Kindheit begegnet werden.

Autogenes Training

Durch Autosuggestion können körperliche und geistige Vorgänge positiv beeinflusst werden.

Autogenes Training ist eine Entspannungsmethode, mit Hilfe derer Nervosität, Unruhe, Unkonzentriertheit, Angst (Versagensängste) und andere Auffälligkeiten durch die Vorstellungskraft ausgeschaltet werden können.
Das autogene Training wurde in den zwanziger Jahren des vorigen Jahrhunderts von dem Psychiater Prof. Johannes Schultz entwickelt. Im autogenen Training geht es um positives Denken, durch das kraft unseres Denkens körperliche und geistige Veränderungen herbeigeführt werden. Störungen können behoben und Blockaden gelöst werden.
Es gibt Formeln, die täglich und zu jeder Situation eingesetzt werden können; diese Formeln liegen den in diesem Buch angeführten Beispielen zugrunde. Die Formeln sagt man sich selbst immer wieder vor, sodass sie in das Unterbewusstsein dringen. Sie sind immer positiv formuliert und werden in der Gegenwartsform gesprochen. Das Wort »nicht« wird nicht gebraucht!
Beispiele:
Hat man vor irgendetwas Angst, so kann die Formel lauten:
»Ich habe Mut, alles geht gut.«
Ist man unkonzentriert, so kann die Formel heißen:
»Ich bin ruhig und still, weil ich zuhören will.«
Fehlt jemandem das Selbstbewusstsein, so kann eine Formel heißen:
»Ich mag mich so, wie ich bin.«

Formeln kann jeder selbst erfinden. Sie sollten sich nach Möglichkeit reimen und immer positiv formuliert sein. (Nicht »Ich werde«, sondern »Ich bin« heißt es im autogenen Training.)

Yoga

Yoga ist eine uralte indische Entspannungsmethode, die Körper, Geist und Seele durch gezielte, leicht durchführbare Übungen wieder in die Balance führt. Bei diesen Übungen werden nicht nur spezielle Körperhaltungen eingenommen und Bewegungen ausgeführt, auch die Atmung wird neu entdeckt und bewusst erlernt. Durch tägliche, regelmäßige, kurze Yogaübungen entwickelt der Mensch ein anderes Körpergefühl. Er erlebt sich in einer tiefen Entspannung, die es ihm ermöglicht, seine Konzentration wiederzuerlangen. Er schaltet die Außenreize ab und konzentriert sich auf sich selbst. Der Erfolg stellt sich bald ein: Der Mensch wird lern- und leistungsfähiger.
Yogaübungen machen nicht nur Spaß und unterstützen die Fähigkeit zur besseren Konzentration, sondern fördern auch einen aufrechten Gang.

Welche Kinder benötigen eine Konzentrationsförderung?

Viele Kinder sind heutzutage unruhig. Doch nicht jedes lebhafte Kind ist auch konzentrationsgestört. Hier gilt es genau zu beobachten.

Kinder sitzen nun einmal nicht still. Bewegungsfreude und hüpfende Aufmerksamkeit sind typisch für das Kindesalter und keineswegs notwendigerweise Zeichen einer gestörten Konzentrationsfähigkeit. Doch die Grenzen zu generell unaufmerksamem Verhalten sind oft fließend. Wie also können Sie erkennen, ob Ihr Kind zu den Kindern gehört, die eine Förderung benötigen?
Beobachten Sie Ihr Kind genau: Unaufmerksame Kinder wirken fahrig, haben keine Ausdauer, kapitulieren schnell, fangen immer wieder etwas Neues an, führen nichts zu Ende, bleiben

nicht lange bei einer Sache. Weitere Erscheinungsbilder sind eine zu schnelle und undeutliche Sprache, Augen, die ständig hin und her gehen, und ein Körper, der immer in Bewegung ist. Vom Gemüt her sind unkonzentrierte Kinder mal himmelhoch jauchzend und mal zu Tode betrübt. Sie neigen dazu, sehr schnell laut zu werden, geraten schnell in Streit mit anderen und sind schnell aggressiv, sie schlafen schlecht und sind nie ausgeruht. Sie werden schnell lustlos, ängstlich und ziehen sich zurück. Sie ruhen nicht in sich selbst.

Gehört Ihr Kind zu diesen Kindern, dann braucht es Ihre korrigierende, führende, ermutigende und beruhigende Hand. Es braucht Ihre regelmäßige Unterstützung, Geduld und viel Lob und Anerkennung. Ihr gemeinsames Durchhaltevermögen ist dabei ausschlaggebend für den weiteren Verlauf und den Erfolg.

Wenn auch Sie mit Freude bei den Aufgaben und Spielen dieses Buches mitmachen, werden Sie feststellen, dass sich auch Ihre Aufmerksamkeit zentriert und auch Sie sich wieder auf das Wesentliche konzentrieren können.

1. Woche

Die Förderung der kreativen Aufmerksamkeit

Schöpferisches Denken erfordert ein hohes Maß an Aufmerksamkeit. Es fordert auf, das Tun gezielt zu steuern und ruhig und aufmerksam zu agieren. Dabei gilt es, logisch zu denken, mit allen Sinnen bei der Sache zu sein und die Fantasie einzusetzen. Und es ist wichtig, ein Ziel vor Augen zu haben und in einer bestimmten Zeit etwas zu schaffen. Diese Fähigkeiten können durch vielfältige Aufgaben geschult werden.

Zur Einstimmung: Brain-Gym

Diese Brain-Gym-Übungen sind kinderleicht und können jederzeit durchgeführt werden, um zu sich selbst zu finden.

Um den Kopf frei zu bekommen und einen ungehinderten Energiefluss zu unterstützen, werden zu Beginn jeder Trainingsviertelstunde in unserem 28-Tage-Programm einige Brain-Gym-Übungen durchgeführt.

Die liegende Acht

Das Kind streckt seinen rechten Arm aus und spitzt den Zeigefinger. Es blickt nur auf diesen Finger. Nun beginnt es, eine liegende Acht zu malen. Dazu führt es den Finger schräg nach oben links, macht einen Bogen nach unten, geht schräg nach oben rechts, macht wiederum einen Bogen und schließt die Acht. Diesen Weg begleitet es nur mit den Augen und hält den Kopf dabei ganz still.
Sie können beobachten, wie die Augen die Acht ausführen. Die Acht soll so groß wie möglich gemalt werden, damit die Augen sich weiträumig bewegen können. Die Acht wird mindestens dreimal gemalt. Danach wird die Acht mit der linken Hand gemalt; dabei beginnt die Bewegung nach rechts oben.

Überkreuztes Gehen und Winken

Die Hände werden ausgestreckt und rhythmisch überkreuzt. Dabei sind abwechselnd der rechte und der linke Arm oben. Das rechte Bein wird angewinkelt und die linke Hand berührt das Knie. Das linke Bein wird angewinkelt und die rechte Hand berührt das Knie. Diese Übungen werden mehrmals durchgeführt.

Ohren ausstreichen (»Denkmütze«)

Mit dem Zeigefinger und dem Daumen beider Hände werden die Ohren sanft berührt und massiert. Dann streicht man langsam, oben am Ohr beginnend, von innen nach außen. Diese Bewegung erfolgt etwa dreimal.

Wochenformel einführen

Nun stellen Sie Ihrem Kind für die erste Woche eine positive Formel vor, die täglich mehrmals gesprochen wird. Diese Formeln stammen aus dem autogenen Training (siehe Seite 28 f.) und unterstützen die Konzentrationsfähigkeit.
Der entsprechende Satz wird mindestens sechsmal leise gesprochen und kann jederzeit, zum Beispiel auch in der Schule, angewandt werden.
Beispielsatz: »Ich bin aufmerksam und still, weil ich zuhören will.«

Der Trainingskalender

Bereiten Sie 28 Zettel vor; darauf schreiben Sie die im Buch genannten Angebote. Diese Zettel nummerieren Sie von 1 bis 28 und heften sie umgedreht an eine Pinnwand. Ihr Kind kann jeden Tag den Zettel für die Aufgabe des nächsten Tages ziehen und sich so schon auf das kommende Angebot einstimmen. Der Zettel wird entfernt und das Kind sieht, wie die Trainingstage weniger werden.
Eine Sammelmappe, in der die gemalten Bilder und andere Dinge gesammelt werden, kann zur Erinnerungsmappe werden, die Ihr Kind auch nach dem Trainingsprogramm immer wieder motiviert, selbst die Initiative zu ergreifen und die eine oder andere Aufgabe zu wiederholen.

Materialliste für die erste Woche

Grundmaterial:

Malblock, Buntstifte, Anspitzer, Bleistift, Armbanduhr, Locher, Sammelmappe, Mineralwasser, Papiertaschentücher, Abziehsterne oder -bilder, ein Kassettenrekorder oder CD-Player und Kassetten oder CDs mit ruhiger Musik, Duftlampe mit einem entspannenden Duftöl (Zitrone), sechs Aufgabenzettel für die Woche, mehrere Briefumschläge mit Überraschungsangeboten für den Sonntag

Zusatzmaterial:
ein Kuchenteller, bunte Straßenkreide, eine Reibe, zehn saubere, verschließbare Plastikbecher, vier bis fünf Eier, eine Flasche Salatöl, ein Schneebesen oder Mixer, eine Leinwand oder alternativ dickes Tonpapier oder weiße, größere Leinenstoffreste oder ein dünnes Holzbrett (Größe entsprechend der Größe des selbst gewählten Bildformats) und Heftzwecken, vier bis fünf Pinsel, ein alter, sauberer Schwamm, eine alte, saubere Zahnbürste, Schmierseife, ein altes Einmachglas, ein alter, sauberer Kamm, Plastiktüten oder Plastiktischdecke als Malunterlage, eine alte Schürze oder ein altes Oberhemd als Malkittel, ein Messbecher, ein alter, kleiner Eimer zur Farbherstellung, eine CD mit klassischer Musik

Zusatzmaterial für Aktivitäten mit älteren Kindern:
ein Bogen Tonpapier, eine spitze Kosmetikschere, buntes Transparentpapier, Klebstoff, Tesafilm, eine Holzscheibe oder ein Bogen dicke Pappe, Holz- oder Bastelkleber, ein Beutel bunte Mosaiksteine, Wachsmalstifte, eine CD mit einem Musikstück mit unterschiedlichen Rhythmen, ein Bogen weiße Pappe, Stoffreste, Wattereste, Wollreste, Federn, Bordüren, Schnüre, Knöpfe, Bastelkleber, festes Tonpapier, eine Kordel

1. Tag – Malaufgabe: Es war einmal ein Haus

Material: Malblock, Buntstifte, Anspitzer, eine Armbanduhr

Mit Hilfe dieser Geschichte lernt das Kind, sich Abläufe zu merken und sie danach im Bild umzusetzen. Hören, merken und ins Bild bringen erfordern eine hohe Aufmerksamkeit.

Vorbereitung

Sorgen Sie für gute Raumluft (stellen Sie eventuell eine Duftlampe mit einem Duft, den Ihr Kind auswählen darf, auf) und schaffen Sie ein ordentliches Umfeld.

Legen Sie alle erforderlichen Materialien griffbereit. Denken Sie an Papiertaschentücher und genügend Wasser zum Trinken. Schicken Sie Ihr Kind zur Toilette. Legen Sie Ihr Trainingsbuch, die Sammelmappe, einen Locher und die Abziehbilder bereit. Auch ein Kassettenrekorder oder CD-Player und Kassetten oder CDs mit ruhiger Musik sollten immer griffbereit sein.
Hinweis: Die Armbanduhr sollte nur für Sie sichtbar sein, damit Sie die Zeit im Auge behalten können. Ihr Kind sollte keine Armbanduhr tragen, denn es kann dadurch abgelenkt werden. Achten Sie auf einen optimalen Sitzplatz mit passendem Stuhl und Schreibtisch.

Ablauf

Beginnen Sie das Training mit folgenden Brain-Gym-Übungen:
- die liegende Acht,
- überkreuztes Gehen,
- Ohren ausstreichen.

Schauen Sie danach auf Ihre Uhr und kalkulieren Sie 15 bis 20 Minuten ein. (Sie können die Länge der Einheit auch mit Ihrem Kind festlegen. Auf diese Weise fühlt es sich mitverantwortlich für diese Trainingseinheit.)
Nun spricht Ihr Kind mindestens sechsmal leise folgende Formel aus dem autogenen Training: »Ich bin aufmerksam und still, weil ich zuhören will.«
Danach erklären Sie Ihrem Kind deutlich und klar die heutige Aufgabe. Es soll aufmerksam einer Geschichte zuhören und den Inhalt malen.
Danach erzählen Sie die Geschichte:

Es war einmal ein Haus, das hatte ein rotes Dach, eine blaue Haustür und über der Haustür ein rundes Fenster. Das Haus stand mitten auf einer grünen Wiese. Auf ihr wuchsen blaue und rote Blumen. Rechts neben dem Haus stand ein großer

Baum. Er breitete seine Äste aus und trug ein wunderschönes, grünes Blätterkleid. Darin versteckt hingen dicke rote Kirschen. An dem Baum stand eine Leiter und nirgendwo war jemand zu sehen. In diesem Haus kann nun der- oder diejenige wohnen, den oder die du dir ausdenkst und dazu malst. Es kann ein Zwerg, eine Frau oder vielleicht du selbst sein.

Nun geben Sie Ihrem Kind Blatt und Stifte und es kann sich eine Zeit setzen, in der es das Bild so malen will, wie es in der Geschichte beschrieben war. Nun wird still gemalt, ohne zu reden. Ist die Zeit um, beendet Ihr Kind die Malaufgabe. Ist es früher fertig, so kann es sich einen Zusatzpunkt in das Trainingsbuch kleben.
Anschließend lesen Sie die Geschichte noch einmal vor und Ihr Kind kann überprüfen, was es in seiner Zeichnung vergessen hat. Danach kann es sich selbst mit ein bis drei Punkten bewerten.

Schluss
Nun kann Ihr Kind die Sterne in das Trainingsbuch kleben und noch einige Bemerkungen dazu schreiben. In einem Gespräch kann es sich zu dem ersten Trainingstag äußern. Das Bild wird in die Mappe geheftet. Danach nimmt Ihr Kind einen neuen Zettel vom Trainingskalender für die Aufgabe am nächsten Tag.

2. Tag – Reimen und malen

Der Umgang mit der Reimsprache erfordert ein hohes Maß an Konzentration. Auch hier muss Ihr Kind hören, mitdenken und das Gehörte im Bild umsetzen.

Vorbereitung

Sorgen Sie für gute Raumluft, ein ordentliches Umfeld, eine positive Atmosphäre, die Sie zum Beispiel mit Hilfe einer Duftlampe schaffen können. Legen Sie alle erforderlichen Materialien zurecht und denken Sie auch an Papiertaschentücher und genügend Wasser zum Trinken. Schicken Sie Ihr Kind vor der Trainingseinheit zur Toilette. Legen Sie das Trainingsnotizbuch und die Abziehsterne zurecht. Auch ein CD-Player und CDs mit ruhiger Musik sollten immer griffbereit sein.

Material: Malblock, Buntstifte, Anspitzer, eine Uhr

Ablauf

Beginnen Sie diesen Trainingstag wieder mit folgenden Brain-Gym-Übungen zur Einstimmung und Aktivierung der beiden Gehirnhälften:

- die liegende Acht,
- überkreuztes Gehen,
- Ohren ausstreichen.

Schauen Sie auf die Uhr und planen Sie 15 bis 20 Minuten Trainingszeit ein.

Nun spricht Ihr Kind leise mindestens sechsmal die Formel aus dem autogenen Training: »Ich bin aufmerksam und still, weil ich zuhören will.«

Erklären Sie danach deutlich und klar die heutige Aufgabe, das heißt, laden Sie Ihr Kind ein, mit Ihnen zu reimen und zu malen. (Bei älteren Kindern kann die Reimaufgabe ausfallen und Sie lesen den Reim ganz vor.)

Nun kann sich Ihr Kind, wenn es will, noch einmal still seine Formel vorsagen.

Das Reimen zu Beginn der Malaufgabe spricht die Aufmerksamkeit an.

Reimgeschichte

(Das letzte Wort in der zweiten Zeile spricht Ihr Kind.)
Mitten in dem hohen Grase
sitzt ein kleiner, brauner … (Hase).

Spitzt die Ohren, sitzt ganz still,
weil er aufmerksam sein … (will).
Jetzt hört er's rascheln hier im Grase
und plötzlich sitzt ein zweiter … (Hase)
neben ihm und ist ganz still,
weil er aufmerksam sein … (will).
Sie sehen einen Schmetterling,
es ist ein wunderschönes … (Ding).
Die Hasen sitzen ganz, ganz still,
weil jeder aufmerksam sein … (will).

Anschließend malt Ihr Kind still den Inhalt der Reimgeschichte.

Nun lesen Sie die Geschichte noch einmal vor und Ihr Kind kann selbst feststellen, was es gemalt und was es vergessen hat. Danach bewertet es sich selbst und gibt sich ein bis drei Punkte. Anschließend wird ein neuer Aufgabenzettel für das Programm des nächsten Tages geholt.

Schluss
Jetzt kann Ihr Kind in sein Trainingsbuch noch einige Bemerkungen schreiben, die Sterne hineinkleben und mit Ihnen über dieses Angebot sprechen.

Zusatzangebot
Bleibt noch etwas Zeit, so kann sich Ihr Kind entspannt auf den Bauch auf sein Ruhesofa legen und Sie erzählen ihm die Geschichte und malen ihm dabei den Inhalt, wie das Gras, die Hasen, den Schmetterling, auf den Rücken. Entspannungsmusik kann dieses Körperspiel begleiten.
Dieses Angebot kann auch vor dem Einschlafen als Abendritual durchgeführt werden.

3. Tag – Der Malspaziergang

Vorbereitung

Sorgen Sie für gute Raumluft, eventuell mit Hilfe eines von Ihrem Kind ausgewählten Duftes. Legen Sie die erforderlichen Materialien zurecht und denken Sie an Papiertaschentücher und genügend Wasser zum Trinken.
Schicken Sie Ihr Kind vor der Trainingseinheit zur Toilette.
Legen Sie Trainingsbuch, Sammelmappe, Locher und Abziehbilder zurecht. Auch ein CD-Player und CDs mit ruhiger Musik sollten griffbereit stehen.
Achten Sie auf einen gesunden, ergonomisch passenden Sitzplatz und Schreibtisch.

Material: Malblock, Buntstifte, Bleistift, Anspitzer, eine Uhr

Ablauf

Beginnen Sie diese Trainingseinheit wieder mit den Brain-Gym-Übungen zur Einstimmung und Aktivierung beider Gehirnhälften:

- die liegende Acht,
- überkreuztes Gehen,
- Ohren ausstreichen.

Stellen Sie danach die Uhr auf 15 oder 20 Minuten ein.
Nun spricht Ihr Kind für sich selbst mindestens sechsmal die Formel aus dem autogenen Training: »Ich bin aufmerksam und still, weil ich zuhören will.«
Danach erklären Sie deutlich und klar die heutige Aufgabe.
Sie wollen gemeinsam mit Ihrem Kind einen Malspaziergang machen. Dazu muss es genau zuhören und mit seinem Stift den Weg auf dem Blatt gehen, der vorgegeben wird.
Ihr Kind bekommt nun ein Blatt Papier, einen angespitzten Bleistift, sagt noch einmal leise seine Formel und dann sagen Sie ihm:
»Setz deinen Stift etwas mittig unten auf das Blatt Papier, hör gut zu und geh mit dem Stift den vorgeschriebenen Weg.«

Nun beschreiben Sie den Weg:
Ich will nun spazieren gehn,
denn das Wetter ist heut schön,
ich verlasse jetzt mein Haus
(ab jetzt malen)
und geh nach rechts geradeaus,
bleib dann stehn
bieg schräg links ab, kann schnell jetzt gehn,
bieg rechts ein, geh eine Strecke,
geh schräg nach links oben hin zur Mitte,
bieg schräg links runter bis zur Ecke,
geh gerade runter auf die Strecke,
bieg schräg rechts nach oben bis zur Mitte,
geh rechts runter noch eine Strecke.

Ihr Kind hat nun ein Haus gemalt.
Um diesen Spaziergang zu festigen, kann es das Haus noch einmal malen und eventuell den Text dabei mitsprechen.
Wenn Ihrem Kind das Spiel Spaß gemacht hat, kann es diesen Text und den Malspaziergang so lange üben, bis es Text und Malweg auswendig kann.
Wenn noch Interesse besteht, kann das Haus noch bunt angemalt und mit vielen anderen schönen Dingen, wie Wiese, Blumen, Bäume, Sonne usw., ergänzt werden.

Schluss
Nach diesem Malweg kann Ihr Kind sich selbst bewerten und in sein Trainingsheft ein bis drei Sterne kleben. Das Bild kommt in die Sammelmappe. Ein Gespräch über diesen Malspaziergang kann sich anschließen. Danach zieht Ihr Kind die Aufgabe für den nächsten Tag.
Hinweis: Diese Geschichte können Sie Ihrem Kind vor dem Schlafengehen als Körpermalgeschichte auf den Rücken malen. Beruhigende Musik intensiviert dieses Wahrnehmungsspiel.

4. Tag – Wir entdecken Mandalas

Laden Sie Ihr Kind heute doch einmal zu einem besonderen Spaziergang ein, nämlich in eine Kirche. Sie können diesen Spaziergang auch mit einem Einkaufsbummel verbinden. (Diese Einladung wird einem älteren Kind vielleicht entgegenkommen. Machen Sie auf dem Heimweg aber einen Abstecher in eine Kirche. Erklären Sie Ihrem Kind, dass dieser Kirchenbesuch zur Trainingsaufgabe des heutigen Tages gehört.)
Stellen Sie Ihrem Kind die Aufgabe, sich in der Kirche die bunten, runden Fenster in aller Ruhe genau anzuschauen. Es soll sich für ein Fenster entscheiden und dieses nun für eine von ihm festgelegte Zeit genau betrachten; denn dieses Fensterbild (Mandala genannt) soll es zu Hause oder direkt in der Kirche aus dem Gedächtnis nachmalen.

Material: Malblock, Bleistift, Buntstifte, Anspitzer

Hinweis: Geben Sie Ihrem Kind den Tipp, sich die Formel aus dem autogenen Training in etwas veränderter Form leise sechsmal zu sagen: »Ich bin aufmerksam und still, weil ich genau schauen will.«
Ihr Kind kann auch die Brain-Gym-Übung, die am wenigsten auffällt (Ohren ausstreichen), vor Beginn dieser intensiven Betrachtung durchführen.

Die Muster und das Spiel der Farben, das sich bei Lichteinfall in Kirchenfenstern zeigt, sind auch für Kinder faszinierend.

Nun folgt die genaue Betrachtung.
Malt Ihr Kind das Bild zu Hause, begeben Sie sich, wenn möglich still, auf dem kürzesten Weg dorthin. Nun kann Ihr Kind ohne Zeitdruck versuchen, das Kirchenfenster auf das Papier zu bringen. (Wenn Sie später mit dem Kind noch einmal zu dieser Kirche fahren, können Sie gemeinsam feststellen, wie genau Ihr Kind gemalt hat.)
Danach kann über diese Aufgabe gesprochen werden und Ihr Kind gibt sich wieder ein bis drei Punkte. Das Mandala wird in die Sammelmappe abgeheftet.
Ein neuer Aufgabenzettel kann zum Schluss von der Pinnwand genommen werden.

Hinweis: Diese Aufgabe kann auch an einem Sonntag ausgeführt werden, wenn sowieso ein Kirchenbesuch ansteht oder mehr Zeit für einen Ausflug zur Verfügung steht.
Sollten Sie diese Aufgabe für Ihr Kind für nicht lösbar halten, können Sie ihm auch ein beliebiges anderes Bild zeigen. Dieses schaut es sich eine Zeit lang an und malt es dann aus der Erinnerung auf sein Blatt.

Variationen für ältere Kinder:

Mandalas als Fensterbilder

Material: ein Bogen farbiges Tonpapier, ein Kuchenteller, ein Block, Transparentpapier, Klebstoff, eine Papierschere und eine spitze Kosmetikschere, Tesafilm
Herstellung: Mit Hilfe des Kuchentellers malt Ihr Kind auf die Tonpappe einen Kreis. Dieser wird ausgeschnitten. Danach malt Ihr Kind mit dem Bleistift ein schönes Muster auf den Pappkreis. Mit Hilfe der Kosmetikschere wird dieses Muster vorsichtig ausgeschnitten und mit kleinen bunten Transparentpapierstreifen sauber ausgeklebt. Das Fenstermandala ist fertig und kann mit Tesafilm ans Fenster geklebt werden.

Mosaikmandala

Material: ein Essteller, eine große dünne Holzscheibe (oder dicke Pappe), Holzkleber oder Bastelkleber, ein Beutel bunte Mosaiksteine (im Bastelladen erhältlich), ein Bleistift
Herstellung: Auf die Holzscheibe oder dicke Pappe wird ein Muster gemalt. Dieses wird mit den bunten Mosaiksteinen beklebt. Das Mandala kann nun als Untersetzer oder Schmuckteller genutzt oder als Geschenk verwendet werden.

5. Tag – Malen nach Musik

Material: bunte Straßenkreide, vier bis fünf verschiedene Farben und acht bis zehn saubere kleine Plastikbecher mit Deckel (Joghurt), eine Reibe, vier bis fünf Eier, eine Flasche Salatöl, dickes Papier, Leinenstoffreste, ein dünnes Sperrholzbrett, Heftzwecken oder eine Leinwand, vier bis fünf unterschiedlich dicke Pinsel, ein sauberer Schwamm, ein sauberer Kamm, eine saubere Zahnbürste, Schmierseife, ein leeres altes Glas, Plastikunterlage, eine alte Schürze, ein Messbecher, eine CD mit klassischer Musik, ein CD-Player

Malen und Musikhören sind Tätigkeiten, die entspannen und die Kreativität wecken. Eine Kombination dieser beiden Aktivitäten ist das Malen nach Musik. Es fördert die Stille und die Konzentration und so ganz nebenbei kann Ihr Kind sich dabei als Maler entdecken.
Zunächst bereiten Sie mit Ihrem Kind den Arbeitsplatz vor. Möglichweise geht etwas beim Malen daneben, deshalb ist es sinnvoll, den Arbeitsplatz und die Kleidung gut zu schützen. Ein altes Oberhemd ist ein guter Malkittel. Legen Sie alle erforderlichen Materialien bereit. Der CD-Player mit der CD sollte an einem Ort stehen, an dem man sich ungestört hinlegen und zuhören kann. Dieser Ort könnte das Bett im Kinderzimmer, das Sofa im Wohnzimmer oder eine Decke auf dem Fußboden eines anderen Raums sein.
Zunächst bereiten Sie mit Ihrem Kind die Malfarbe vor. Das macht bestimmt viel Spaß. Dazu wird die Kreide klein gerieben und farbig getrennt in den Plastikbechern aufbewahrt. Nun wird in einem anderen Becher ein Eigelb mit einem Teil Wasser und einem Teil zerriebener Kreide so lange vermischt, bis eine klumpenfreie, streichfähige Masse entstanden ist. Damit kann gemalt werden. Wenn eine Ölfarbe hergestellt werden soll, wird anstelle des Wassers Salatöl verwendet. Mit der Malfarbe wird nach der musikalischen Fantasiereise ein Bild gemalt.

Nachdem die Farbe hergestellt ist, heften Sie das dicke Papier oder die Leinenreste straff auf das dünne Brett oder legen die Leinwand auf den Malplatz. Nun kann Ihr Kind sich bequem hinlegen, die Augen schließen und eine musikalische Fantasiereise machen. Es soll versuchen, mit Hilfe der Musik bei geschlossenen Augen in der Fantasie ein Bild entstehen zu lassen.
Ist die Musik beendet, geht das Kind zu seinem Malplatz und versucht, das Bild aus seiner Fantasie auf das Blatt zu bringen. Zur Unterstützung kann im Hintergrund noch einmal leise die Musik laufen.
Hinweis: Es muss sich um kein gegenständliches Bildmotiv handeln, ein Mix aus Farben und Formen ist auch sehr schön.
Bei dieser Aufgabe sollte keine Zeit vorgegeben werden, denn Ruhe und Muße sind hier Voraussetzung!

Das selbst gemalte Bild kann später als Erinnerung eine Wand schmücken.

Nach diesem Malspaß kann sich Ihr Kind wieder selbst bewerten und in sein Trainingsheft ein bis drei Sterne kleben. Danach zieht es die Aufgabe für den nächsten Tag.

Variationen:

Malen nach Musik für ältere Kinder

Material: ein instrumentales Musikstück mit schnellen und langsamen Musikabschnitten, wie zum Beispiel ein Walzer oder andere klassische Musik, bunte Wachsmalstifte, ein großes Stück weiße Pappe
Ablauf: Ihr Kind hört sich zunächst das Musikstück an, damit es sich mit den unterschiedlichen Abschnitten vertraut machen kann. Danach hört es die Musik noch einmal und malt mit den bunten Stiften entsprechend dem Rhythmus Punkte, Striche, Kreise usw. in verschiedenen Farben. Anhand der Farben kann es dann erkennen, aus wie vielen rhythmischen Teilen dieses Musikstück bestand. Das Bild kann als abstraktes Kunstwerk aufgehängt werden.

6. Tag – Eine schicke und eine schöne Geschichte

Einer Geschichte zu folgen erfordert viel Konzentration. Es ist nicht leicht, Außenreize auszuschalten und sich nur auf den Inhalt der Geschichte zu konzentrieren. Doch auch hier gilt: Übung macht den Meister.

Vorbereitung

Das Zimmer ist aufgeräumt und der Raum gut gelüftet. Die Materialien liegen griffbereit. Denken Sie wie immer an Papiertaschentücher und genügend Wasser zum Trinken sowie an den Gang zur Toilette. Das Trainingsbuch, die Sammelmappe, Locher und Abziehbilder liegen griffbereit. Der Arbeitsplatz hat die Höhe, die Ihr Kind braucht, um konzentriert arbeiten zu können.

Material: Malblock, Buntstifte, Anspitzer, Bleistift, Armbanduhr

Ablauf

Beginnen Sie wieder mit den bekannten Brain-Gym-Übungen:

- die liegende Acht,
- überkreuztes Gehen,
- Ohren ausstreichen.

Danach setzt sich Ihr Kind an den Arbeitsplatz und spricht die Formel aus dem autogenen Training mindestens sechsmal leise vor sich hin: »Ich bin aufmerksam und still, weil ich zuhören will.« Nun erzählen Sie ihm folgende Geschichte:

Frau Schick und Frau Schön wohnen schon seit Jahren in derselben Straße. Beide besitzen ein Haus und eines von ihnen ist schick und das andere ist schön. Frau Schön hat aber nicht nur ein schönes Haus, sondern auch einen schönen Garten und ein schönes Auto. Natürlich macht sich Frau Schön von montags bis sonntags immer schön.

Auch Frau Schick hat ein schickes Haus mit einem schicken Garten und natürlich auch ein schickes Auto. Auch Frau Schick macht sich von montags bis sonntags schick.
Jeden Morgen pünktlich um 8 kommt Frau Schön schön aus ihrem schönen Haus, geht durch ihren schönen Garten und steigt in ihr ganz schönes Auto. Frau Schick kommt zur selben Zeit schick aus ihrem schicken Haus, geht durch ihren schicken Garten und steigt in ihr ganz schickes Auto. Jeden Morgen geschieht das Gleiche. Frau Schick und Frau Schön …

Schick und schön – wo ist da der Unterschied? Spannend, wie Kinder dies darstellen.

Nun ist die Fantasie Ihres Kindes gefragt, denn den Rest der Geschichte kann es selbst erfinden.
Danach geben Sie ihm die Aufgabe, ein Bild von dieser Geschichte zu malen. Ihr Kind kann Frau Schön mit ihrem schönen Haus, mit dem schönen Garten und dem schönen Auto oder Frau Schick mit ihrem schicken Haus, mit dem schicken Garten und mit ihrem schicken Auto malen.
Dazu bestimmt es eine Zeit (ca. 15 bis 20 Minuten) und beginnt. Sie behalten die Zeit im Auge. Ist die vorgegebene Zeit abgelaufen, hört das Kind, auch wenn es noch nicht fertig ist, mit dem Malen auf. Ist es vor Ablauf der Frist fertig, beendet es seine Malarbeit.
Ihr Kind kann nun sein Bild betrachten und sich nach eigenen Kriterien selbst bewerten, das heißt ein bis drei Sterne in sein Trainingsheft kleben. Das gemalte Bild kann in die Sammelmappe geheftet werden.

Variationen für ältere Kinder:
Das Bild kann auch mit Stoffresten, Watte, Wolle, Federn usw. dekoriert werden (zum Beispiel das Kleid von Frau Schön aus Stoff ausschneiden oder den Garten mit grünen Wollfäden schmücken usw.).
Mehrere Bilder können zu einem Bilderbuch zusammengeheftet werden.

7. Tag – Sonntags ist Überraschungstag!

Überraschungen finden Kinder immer toll und sie motivieren sie aufs Neue!

Der Sonntag sollte während des Trainingsprogramms immer ein ganz besonderer Tag werden, an dem auf Ihr Kind etwas Außergewöhnliches wartet. Sie schreiben mehrere Vorschläge auf Zettel und stecken diese jeweils in einen Umschlag. Am Samstag kann Ihr Kind einen Umschlag ziehen. Der Umschlag wird jedoch erst am Sonntag am Frühstückstisch geöffnet. (In Abwesenheit des Kindes schauen Sie zuvor hinein, um gegebenenfalls Vorbereitungen zu treffen.)
Die Überraschung wird am Sonntag ohne Bewertung und ohne Zeitplan von Ihrem Kind allein und selbstständig oder gemeinsam mit Ihnen oder sogar mit der ganzen Familie durchgeführt.
Hinweis: In diesem Buch wird in den nächsten drei Wochen zusätzlich an jedem Sonntag eine Aktivität beschrieben. Diese können Sie nach Belieben mit den folgenden Vorschlägen austauschen. Oder Sie setzen diese Anregungen an weiteren Sonntagen nach dem Trainingsprogramm um.

Treffpunkt Frühstückstisch

Gemeinsam an einem hübsch gedeckten Tisch sitzend, kann über die vergangene Woche gesprochen werden. Veränderungsvorschläge für die kommende Woche können gemacht werden, die Trainingszeit kann neu überdacht werden und ein mögliches anderes, wichtiges Ereignis in der kommenden Woche sollte gegebenenfalls eingeplant werden. Danach öffnen Sie den Briefumschlag und verkünden die heutige Überraschung.

Aktionsvorschläge für abwechslungsreiche Sonntage

- Einen Museumsbesuch machen und zu Hause aus der Erinnerung darüber berichten.
- Ein großes Puzzle legen.
- Einige Seiten aus einem Buch in einer selbst festgelegten Zeit lesen.

Hinweis: Das Kind kann sich auch vornehmen, dieses Buch bis zum Ende des Trainingsprogramms gelesen zu haben, um dann darüber zu berichten.

- Gemeinsam nach einer Spaziergangsbeschreibung von Ihnen, die Ihr Kind gelesen hat, einen vom Kind geführten Spaziergang machen. Das Ziel kann eine Überraschung sein, zum Beispiel eine Eisdiele oder eine Pizzeria, in der alle gemeinsam essen. Ihr Kind führt Sie aus der Erinnerung denselben Weg zurück nach Hause.
- Allein oder gemeinsam aus Legosteinen ein bestimmtes Gebilde bauen.
- Allein oder gemeinsam etwas aus dem Trainingsprogramm der vergangenen Woche / vergangenen Wochen wiederholen.
- Gemeinsam ein Musikstück hören.
- Gemeinsam ein Spiel oder Kartenspiel spielen.
- Gemeinsam eine Wanderung oder Radtour machen, dessen Ziel Ihrem Kind bekannt ist. Es führt Sie dorthin.

Hinweis: Auch bei diesen Vorschlägen können Sie ganz nebenbei Wert auf die Konzentrationsförderung legen.

2. Woche

Die Förderung der bewegten Aufmerksamkeit

Zu wenig Bewegung, das ist hinlänglich bekannt, gefährdet die Gesundheit. Viele Kinder leiden heute schon unter Erkrankungen, die durch Bewegungsmangel entstehen. Bewegungsarmut lässt den Körper rosten – und den Geist verkümmern. Körperlich beweglich sein dagegen bedeutet auch, schneller zu begreifen, schneller zu reagieren, besser zu kombinieren und konzentrations- und aufnahmefähiger zu sein. Darum ist es wichtig, im Laufe eines Tages immer wieder Spiele anzubieten, die die bewegte Aufmerksamkeit fordern und fördern. Hierzu finden Sie in diesem Kapitel viele Anregungen.

Denken und bewegen

Tanzgymnastik, kleine Übungen aus dem Yoga, Bewegungsspiele und viele Aktivitäten mehr machen das Aufmerksam-Sein zu einem Kinderspiel.

Haltungsschäden, Kopfschmerzen, Lustlosigkeit, Vergesslichkeit, Trägheit und Konzentrationsschwierigkeiten sind einige der Krankheitsbilder, die auf Bewegungsmangel zurückzuführen sind und unter denen auch schon junge Menschen leiden. Kinder, die viel Bewegung haben, machen sich im wahrsten Sinne des Wortes weit. Durch Bewegen nehmen sie Sauerstoff zu sich, der die Organe und das Gehirn mit frischer Energie versorgt. Die Zellen weiten sich und so folgt nach einer Anspannung automatisch die so wichtige Entspannung. Dabei tankt das Kind neue Energie, die die Konzentrationsfähigkeit fördert, und es ist wieder zu neuen Leistungen bereit. Daher sind kurze Bewegungspausen auch bei diesem Trainingsprogramm angebracht, wenn Ihr Kind danach verlangt. Machen Sie einige bekannte gymnastische Bewegungen. Springen, hüpfen, tief durchatmen unterstützen die Konzentrationsfähigkeit.

In dieser Trainingswoche liegt der Schwerpunkt auf dem Erwerb verschiedener Bewegungstechniken, die das Kind bei Bedarf jederzeit einsetzen kann, um seine Konzentrationsfähigkeit zu unterstützen.

Dabei stehen auch in dieser Woche am Beginn jeder Trainingseinheit einige Übungen aus der Brain-Gym. Außerdem nutzt das Kind weiterhin die positive Verstärkung durch eine Formel aus dem autogenen Training. In dieser Woche lautet sie: »Ich bin ruhig und entspannt.«

Materialliste für die zweite Woche

Grundmaterial:

Trainingsheft, Mineralwasser, Sterne oder Abziehbilder usw.

Zusatzmaterial:

CD-Player, aktuelle, fetzige Musik, Entspannungsmusik, Eieruhr, Wolldecke, ein großer Spiegel, vier Luftballons, kleine Zettel, ein Hut

8. Tag: Brain-Gym mit Entspannungsreise

Material: Grundmaterial; zusätzlich CD-Player, aktuelle, fetzige Musik, Eieruhr, Wolldecke, Entspannungsmusik

Um in Bewegung zu kommen, sind Brain-Gym-Übungen gerade das Richtige. Ruhige Brain-Gym-Übungen sind bereits aus der ersten Trainingswoche bekannt, die folgenden Übungen dagegen sind sehr schwungvoll und bringen den Körper auf Trab. Besorgen Sie sich für diese Übungen eine CD oder Kassette mit aktueller, fetziger Musik, die Ihrem Kind gefällt und nach der man gut »tanzen« kann. Einige Figuren dieser Tanzgymnastik können Sie mit Ihrem Kind, oder auch Ihr Kind alleine, später täglich vor jedem Trainingsangebot, vor den Schularbeiten oder einfach zwischendurch machen. Empfehlenswert ist es, bei offenem Fenster zu tanzen; durch die frische Luft und die bessere Versorgung mit Sauerstoff werden Körper und Geist zusätzlich aktiviert.
Kennzeichnend für die Brain-Gym-Tanzgymnastik sind die Überkreuzbewegungen. Hände und Füße werden im Takt der Musik übereinander gekreuzt. Wie und in welcher Reihenfolge, ob stehend, sitzend, liegend, springend, laufend, bleibt Ihrer Fantasie und der Ihres Kindes überlassen.

Vorbereitung
Öffnen Sie das Fenster und erklären Sie Ihrem Kind, worauf es bei dieser Gymnastik ankommt. Nun trinken Sie beide etwas Mineralwasser. Stellen Sie die Eieruhr auf zehn Minuten ein. Danach stellen Sie sich mit Ihrem Kind einige Sekunden still und aufrecht hin, schließen dabei die Augen und sagen sich sechsmal die Formel »Ich bin ruhig und entspannt« vor.
Danach schalten Sie die Musik an und nun wird zehn Minuten lang nach den Tanzbeispielen getanzt.
Hinweis: Achten Sie auf leichte, lockere Bekleidung und führen Sie die Gymnastik barfuß durch, denn Sie kommen rasch ins Schwitzen.

Tanzen macht Kindern großen Spaß – kaum zu glauben, dass sie dabei auch ihre Konzentrationsfähigkeit verbessern!

Tanzbeispiele

Brain-Gym-Händezappeltanz

Sitzend, stehend oder auf dem Rücken liegend werden die Hände in schnellem Rhythmus immer übereinander geführt. Dabei ist zu berücksichtigen, dass abwechselnd die rechte und die linke Hand oben sind.

Variation: Die Handflächen zeigen nach oben.

Fußzappeltanz

Sitzend oder liegend werden die Füße schnell übereinander geschlagen. Auch hier auf den Fußwechsel achten.

Hand- und Fußzappeltanz

Dieser kombinierte Zappeltanz lässt sich am besten im Liegen durchführen. Im schnellen Rhythmus werden Hände und Füße übereinander geschlagen. Diese Bewegungsabläufe erfordern schon eine Menge Konzentration und sind etwas für Fortgeschrittene.

Fußspringtanz

Im schnellen Rhythmus werden die Füße springend überkreuzt. Dabei ist zu beachten, dass abwechselnd der rechte und der linke Fuß vorne sind.

Variation: Bei diesem Springtanz können auch die Hände einbezogen werden.

Ablauf

Die Tanzbeispiele werden kombiniert und die Übungsreihe wird mehrmals wiederholt.

Sobald die Eieruhr klingelt, bleiben Sie und Ihr Kind stehen, schließen die Augen und spüren, wie es Ihnen jetzt geht.

Danach trinken Sie wieder etwas Wasser und setzen sich auf die Decke. Ein gemeinsames Erfahrungsgespräch kann sich anschließen.

Abschließend laden Sie Ihr Kind ein, mit Ihnen während der verbleibenden fünf Minuten eine Entspannungsreise, eine Musikmeditation, zu machen. Die Musik weckt die Gedanken, die Sie während dieser Entspannungsreise begleiten. Angenehme Gedanken können Sie genießen, unangenehme werfen Sie durch tiefes Ein- und Ausatmen ab.

Schluss

Nach dieser Reise kann wieder ein Gespräch über die momentane Befindlichkeit durchgeführt werden und das Kind kann die Tanzgymnastik bewerten und entsprechend ein bis drei Sterne in sein Trainingsbuch kleben.

9. Tag – Mitmachgeschichte: Es war einmal ein fauler Hund

Für diese bewegte Geschichte brauchen Sie etwas Platz. Räumen Sie Tisch und Stühle zur Seite und legen Sie eine Decke in eine Ecke des Zimmers.

Material: Grundmaterial; zusätzlich eine Decke

Ablauf

Zunächst sagt sich Ihr Kind sechsmal die Formel »Ich bin ruhig und entspannt« vor. Danach laden Sie es zu einer Mitmachgeschichte ein und geben ihm genaue und klare Anweisungen, die später nicht mehr wiederholt werden.

Hinweis: Zunächst hört sich Ihr Kind diese Geschichte an. Es wird aufgefordert, genau aufzupassen, da es nach dieser Geschichte alle Dinge aufzählen muss, die sich bewegen. Die entsprechenden Bewegungen muss es ebenfalls durchführen.

Diese Geschichte kann natürlich auch im Freien erzählt und gespielt werden.

Geschichte

Es war einmal ein fauler Hund. Er lag tagsüber am liebsten platt wie eine Briefmarke unter einem großen Baum und be-

obachtete von dort aus das Leben um sich herum. Jeden Tag gab es viel zu sehen und vieles davon war so spannend, dass er sich von diesem Fleck nicht fortbewegte. So sah und hörte er zum Beispiel die Vögel, die über ihn hinwegflogen, er beobachtete stundenlang die großen Räder eines Windrades, die sich unaufhörlich im Wind drehten. Er sah täglich viele krabbelnde Käfer, die mal langsam und mal schnell vor seiner Nase auf und ab krabbelten und die manchmal auf dem Rücken lagen und wild strampelten. Er sah Frösche, die auf der Wiese hüpften, er sah und hörte blitzschnelle Autos, die über die Landstraße sausten, er sah Hasen, die in den Wald hoppelten, er sah …

Tierbewegungen nachzumachen gefällt Kindern sehr.

Nun erfolgt die Aufforderung an das Kind, selbst Dinge aufzuzählen, die sich bewegen, und dazu die entsprechenden Bewegungen zu machen. Das Kind kann dabei seiner Fantasie freien Lauf lassen.

Schluss

Gemeinsam mit Ihrem Kind setzen Sie sich auf die Decke und es wird über die gemachten Erfahrungen berichtet. Ihr Kind zählt noch einmal die Dinge auf, die sich bewegt haben. Danach erzählen Sie nochmals die Geschichte und Ihr Kind kann selbst feststellen, ob es viel oder wenig behalten hat. Es kann sich nun ein bis drei Punkte geben und dementsprechend viele Sterne in sein Trainingsbuch kleben.
Zum Schluss zieht es die Aufgabe für den kommenden Tag.

10. Tag – Spiegelturnen

Sich vor dem Spiegel zu bewegen macht viel Spaß. Es ist interessant, sich durch bestimmte Bewegungen neu zu entdecken. Besonders Kinder sind davon immer wieder fasziniert. Mimik und Gestik, graziöse Bewegungen oder Verrenkungen können im Spiegel beobachtet und Bewegungsabläufe verbessert werden. Beim Spiegelturnen gilt es, die Bewegungen des Partners zu verfolgen und nachzumachen. Das erfordert intensive Aufmerksamkeit.

Material:
Grundmaterial; zusätzlich ein großer Standspiegel

Vorbereitung

Lüften Sie das Zimmer gut und schaffen Sie ein wenig Platz. Stellen Sie den Spiegel so, dass die Bewegungen ohne Behinderungen durchgeführt werden können.
Bevor Sie mit Ihrem Kind das Spiegelturnen beginnen, führen Sie mit ihm einige Brain-Gym-Übungen durch oder machen nach flotter Musik eine Brain-Gym-Tanzgymnastik. Danach bitten Sie Ihr Kind, etwas Mineralwasser zu trinken. Anschließend spricht es sechsmal die Formel aus dem autogenen Training: »Ich bin ruhig und entspannt.«

Spielvorschläge für das Spiegelturnen

Erklären Sie jedes Spiel einzeln und sehr genau. Anschließend werden die Spiele nacheinander durchgeführt. Vor jedem neuen Spiel sollte etwas Mineralwasser getrunken werden und dann kann gespielt werden. Achten Sie auf die Uhr, damit die Trainingszeit von höchstens 20 Minuten nicht überschritten wird.

Spiegelbildspiele

Sie machen Ihrem Kind vor dem Spiegel eine Bewegung vor, zum Beispiel winken, hampeln, auf einem Bein hüpfen, sich einmal um sich selbst drehen, eine Grimasse ziehen usw. Ihr Kind schaut sich die einzelnen Bewegungen im Spiegel gut an und macht sie exakt nach. (Zeigen Sie zunächst einzelne Übungen und verbinden Sie dann allmählich zwei oder drei verschiedene miteinander.)
Anschließend macht Ihr Kind Bewegungen vor und Sie imitieren sie.

Schau genau und mach es nach – so lautet das Prinzip des Spiegelturnens.

Szenenspiele
Stellen Sie nun kleine Szenen dar, zum Beispiel Zähne putzen (den genauen Ablauf beachten), aufwachen, ausziehen, anziehen, eine Frühstücksszene, den genauen Ablauf eines Telefongesprächs usw. Ihr Kind schaut sich den Ablauf im Spiegel gut an, errät die Szene und spielt sie dann genau nach.
Anschließend kann sich Ihr Kind kleine Szenen ausdenken. Sie erraten, was dargestellt wird, und spielen den Ablauf nach.

Spiegelspiele ohne Spiegel
Bei diesem Spiel werden die Anforderungen an die Konzentration ein wenig höher.
Ihr Kind stellt sich mit etwas Abstand vor Sie hin. Sie machen eine Bewegung oder einen Bewegungsablauf vor, Ihr Kind führt sie gleichzeitig seitenverkehrt aus.
Beispiele:
- Den rechten Arm vor dem Körper langsam nach oben führen, den gestreckten Arm dann langsam nach rechts unten führen und an das rechte Bein legen.
- Den linken Fuß grätschen, den Kopf auf die rechte Schulter legen, den linken Arm seitlich strecken, den rechten Arm anwinkeln und die Hand in die Hüfte legen.
- Die linke Hand senkrecht halten, die Finger öffnen, die Hand langsam in dieser Haltung nach links zur Seite schieben, stoppen, schieben, stoppen, schieben, stoppen, wieder langsam an den Körper ziehen, stoppen, an den Körper ziehen, den gestreckten Arm an das Bein legen.

Lassen Sie sich weitere Bewegungen und Abläufe einfallen. Ihrer Fantasie sind dabei keine Grenzen gesetzt.
Nun kann Ihr Kind Bewegungen vormachen und Sie führen sie zeitgleich seitenverkehrt aus. Sie werden erstaunt sein, wie viel Konzentration dazu erforderlich ist.

Schluss

Zum Abschluss kann Ihr Kind über das Erlebte berichten und sich ein bis drei Abziehsterne in sein Trainingsbuch kleben. Danach zieht es den Zettel für den folgenden Tag.

11. Tag – Yoga steigert die Aufmerksamkeit

Heute wird Ihr Kind lernen, wie es mit Hilfe von Yogaübungen seine Aufmerksamkeit verbessern kann.
Die im Folgenden dargestellten Yogaübungen können Sie beliebig kombinieren und täglich ein bis zwei Yogaübungen vor jeder Trainingeinheit machen.
Hinweis: Die Bewegungsbeschreibungen richten sich an Mutter bzw. Vater und Kind. Größere Kinder können die Bewegungen auch allein ausführen.

Material: Grundmaterial; zusätzlich eine Decke, bequeme Kleidung

Vorbereitung

Stellen Sie sicher, dass Sie während der 15 bis 20 Minuten Übungszeit nicht gestört werden. Sorgen Sie für eine gute Atmosphäre, zum Beispiel mit Hilfe einer Duftlampe. Schaffen Sie ein wenig Platz und legen Sie für sich und Ihr Kind eine Decke auf den Boden. Mineralwasser und das Grundmaterial stellen Sie griffbereit. Achten Sie auf die Uhr, denn die Trainingszeit sollte eingehalten werden.

Ablauf

Zunächst trinken Sie gemeinsam einige Schlucke Wasser. Zu Beginn dieser Trainingseinheit werden die bekannten Brain-Gym-Übungen durchgeführt (liegende Acht, überkreuztes Gehen, Langziehen der Ohrläppchen von oben nach unten). Nun stellen Sie sich beide barfuß auf die Decke. Die Beine stehen leicht geöffnet nebeneinander, die Fußspitzen zeigen nach vorne. Der Körper richtet sich auf und die Augen sind

geschlossen. In dieser Stellung nimmt Ihr Kind sich wahr, atmet tief und gleichmäßig ein und aus und spricht sechsmal die Formel: »Ich bin ruhig und entspannt.« Danach öffnet es die Augen, schüttelt den Körper aus und trinkt noch einmal einen Schluck Wasser. Nun ist Ihr Kind bereit, mit Ihnen einige leichte Yogaübungen durchzuführen. Suchen Sie sich aus den folgenden Übungen diejenigen aus, die Ihnen zusagen.
Hinweis: Achten Sie darauf, dass Ihr Kind zwischen den Übungen etwas Wasser trinkt.

Übungen

Der Mond

Durch gleichmäßiges Atmen und langsame, bewusste Bewegungen werden beim Yoga Verspannungen gelöst und Aufmerksamkeit erreicht.

Ziel: Wir dehnen die Brustmuskeln und können tiefer atmen.
Durchführung: Sie stehen mit geschlossenen Beinen und geradem Rücken auf der Decke. Die Arme liegen rechts und links am Körper. Mit einem tiefen Atemzug werden die Arme seitlich nach oben geführt und über dem Kopf gerade zusammengebracht. Nun biegen Sie langsam mit gestreckten Armen den Körper ausatmend nach rechts und einatmend wieder zur Mitte, ausatmend nach links und einatmend wieder zur Mitte (mehrmals machen).
Zum Schluss werden die Arme und Hände beim Ausatmen langsam wieder seitlich auseinander geführt und an den Körper gelegt. (Jeder findet seinen eigenen Atemrhythmus.)

Der Baum

Ziel: Förderung des Gleichgewichts und der Konzentration.
Durchführung: Sie und Ihr Kind stehen mit leicht geöffneten Beinen und gestrecktem Körper auf der Decke. Sie schließen die Augen, atmen ruhig und gleichmäßig und spüren in sich hinein. Sie stellen sich vor, unter jedem Fuß einen Magneten zu haben (hinten, rechts und links). Dieser Magnet ermöglicht Ihnen einen festen Stand. Nun stellen Sie sich vor, ein Baum zu sein, dessen Wurzeln aus der Fußsohle heraus in den Boden wach-

sen. Sobald Sie ein festes Standgefühl haben, öffnen Sie die Augen und schauen nach vorn auf einen selbst gewählten Punkt (dadurch wird das Gleichgewichtsgefühl für die weitere Körperhaltung erleichtert). Nun verlagern Sie und Ihr Kind das Gewicht auf den rechten Fuß, stellen die Fußsohle des linken Fußes unten an das rechte Innenbein, sodass der große Zeh den Boden berührt. Fühlen Sie sich beide ganz sicher, so können Sie den Fuß auch etwas höher an das Innenbein stellen, sodass Sie frei auf einem Bein stehen. Nun heben Sie einatmend langsam die Arme seitlich hoch und legen die Hände langsam über den Kopf. Ausatmend führen Sie die Arme wieder nach unten und schieben den linken Fuß an der Innenseite des rechten Beins langsam zum Boden. Sie stehen wieder auf beiden Beinen, schließen die Augen und spüren nach.
Anschließend führen Sie die Baumstellung auf dem linken Fuß durch.

Eine bewegte Atemübung
Ziel: Stärkende Unterstützung der Konzentrationsfähigkeit.
Durchführung: Sie stehen gerade. Die Beine sind leicht gespreizt und die Fußspitzen zeigen nach vorn. Nun werden einatmend die Arme, mit nach oben gerichteten Handflächen, vor dem Körper langsam in Brusthöhe gehoben. Halten Sie den Atem ein wenig an und schließen Sie die Finger zur Faust. Ohne zu atmen, ziehen Sie nun ruckartig die gestreckten Arme seitlich nach hinten und schieben sie dann wieder seitlich nach vorn. Dabei sind die Arme immer in Brusthöhe.
Öffnen Sie die Fäuste, drehen Sie dabei die Hände so, dass die Handflächen nach unten zeigen und senken Sie nun ausatmend die Arme, bis sie wieder neben dem Körper ruhen. Schließen Sie die Augen und spüren Sie die Kraft, die durch den Körper fließt.
Wiederholen Sie diese Übung dreimal.

Verspannungen lösen
Ziel: Nachlassende Konzentrationsfähigkeit wieder aufbauen.
Durchführung – 1. Phase
Sie knien sich gemeinsam mit Ihrem Kind hin, das heißt, Sie sitzen beide auf den Fersen. Einatmend kommen Sie nun in den gestreckten Kniestand, das heißt, der Po löst sich von den Knien, und langsam führen Sie den Oberkörper nach oben. Sie atmen langsam aus und führen danach einatmend den rechten Arm über den Kopf und berühren mit der rechten Hand das linke Ohrläppchen. Anschließend senken Sie den Kopf seitlich auf die rechte Schulter. Atmen Sie tief und gleichmäßig weiter und lassen Sie alle Anspannungen los. Atmen Sie nun ein und führen Sie beim Ausatmen langsam den rechten Arm wieder zurück.
Wiederholen Sie die Übung mit der linken Hand.
2. Phase
Knien Sie sich hin und legen Sie die linke Hand auf die rechte Schulter. Nun drehen Sie den Kopf langsam nach rechts. Danach legen Sie die rechte Hand auf die linke Schulter und drehen den Kopf langsam nach links.
Wiederholen Sie diesen Bewegungsablauf dreimal.
Die Atmung fließt bei dieser Übung ruhig und gleichmäßig.
3. Phase
Knien Sie sich hin. Einatmend legen Sie langsam den Kopf in den Nacken (ohne ihn zu überdehnen), ausatmend führen Sie ihn langsam zum Brustbein. Wiederholen Sie diesen Bewegungsablauf dreimal.
Hinweis: Alle drei Phasen bilden gemeinsam diese Entspannungsübung und sollten nacheinander durchgeführt werden.

Schluss
Legen Sie sich gemeinsam auf die Decke, schließen Sie die Augen und genießen Sie einige Zeit lang die Stille.

Danach kann ein Gespräch stattfinden, bei dem Ihr Kind über sein Befinden vor und nach den Übungen spricht. Es kann sich für diese ersten Yoga-Erfahrungen mit Punkten von eins bis drei belohnen. Danach zieht es einen neuen Trainingszettel.
Hinweis: Sollten Ihnen diese Übungen zu schwierig erscheinen, überlegen Sie sich einige Ihnen bekannte gymnastische Übungen, zum Beispiel Hampelmann, Kniebeugen, Rad fahren usw.

12. Tag – Kinderleicht ins Gleichgewicht kommen durch Gehirngymnastik

Material: Grundmaterial; zusätzlich eine Decke

In dieser Trainingseinheit werden Ihrem Kind Hilfen zur Selbsthilfe angeboten, das heißt, es erlernt Brain-Gym-Übungen, die es immer und überall einsetzen kann, wenn es sich kraftlos, energielos oder konzentrationsschwach fühlt. Diese Übungen sind leicht zu erlernen und man braucht zur Durchführung nur wenig Platz.
Treffen Sie die üblichen Vorbereitungen. Wichtig ist wie immer das Trinken. Vor jeder neuen Übung sollte ein Schluck Wasser getrunken werden.

Ablauf

Ihr Kind trinkt einige Schlucke Wasser und stellt sich barfuß auf eine Decke. Nun versucht es, sich erst einmal auf diese Einheit einzustimmen. Es macht die Ohrläppchengymnastik (siehe Seite 32) – auch Denkmütze genannt – und das überkreuzte Gehen. Danach stellt es sich aufrecht hin, schließt die Augen und sagt leise sechsmal die Formel aus dem autogenen Training: »Ich bin ruhig und entspannt.«
Achten Sie nun auf die Zeit. Gemeinsam mit Ihrem Kind erlernen Sie neue Brain-Gym-Übungen. Machen Sie die Übungen vor und Ihr Kind macht sie nach. Achten Sie auf kurze, klare Erklärungen, die Sie nur einmal geben.

Durch »Gehirngymnastik« lassen sich Blockaden lösen und die Energie kann wieder frei fließen.

Übungen

Energiegähnen

Ziel: Entspanntes Denken.
Durchführung: Der Mund wird einige Male leicht auf und zu gemacht. Mit den Fingern werden dabei die Kiefermuskeln rechts und links vor dem Ohr erfühlt. Nun wird bei leicht geöffnetem Mund mit Gähngeräuschen eine Massage durchgeführt, indem diese Muskeln mit den Fingern kreisend oder klopfend massiert werden. Dabei werden immer wieder Gähngeräusche gemacht. Stellt sich ein echtes Gähnen ein, so wird dieses aktiv und frei durchgeführt.

Positive Punkte halten

Ziel: Gedächtnisblockaden lösen.
Durchführung: Die Fingerspitzen beider Hände werden kurz vor dem Haaransatz rechts und links direkt vor dem Kopf auf die Stirnbeinhöcker gelegt (nicht seitlich auf die Schläfen). Die Fingerspitzen zeigen dabei zueinander. Diese Punkte werden nun leicht gedrückt; dabei denkt man an das momentane Problem oder an die belastende Situation (zum Beispiel vor einer Klassenarbeit). Schließen Sie dabei die Augen. Nun stellen Sie sich in Ihrer Fantasie eine positive Lösung vor.

Erdpunkte massieren

Ziel: Nach geistiger Anstrengung neue Energie tanken.
Durchführung: Die linke Hand liegt oberhalb des Schambeins, die rechte unterhalb der Unterlippe. Diese Punkte etwa 30 Sekunden lang halten, dabei tief atmen. Dann die Hände wechseln.

Raumpunkte mobilisieren

Ziel: Erhöhung der Konzentrationsfähigkeit.
Durchführung: Die rechte Hand liegt auf dem Steißbein, die linke Hand massiert die Mitte der Oberlippe. Diese Punkte etwa 30 Sekunden lang halten. Dann die Hände wechseln.

Der Elefant
Ziel: Zusammenführen von Sehen, Hören und Bewegen des Körpers.
Durchführung: Sie stehen mit leicht gegrätschten Beinen und leicht gebeugten Knien auf der Decke, legen den Kopf auf die rechte Schulter und strecken den rechten Arm mit dem Zeigefinger aus (Rüssel). Malen Sie nun mit dem Rüssel nach rechts oder links oben beginnend eine große Acht in die Luft. Dabei folgen nur die Augen dem Zeigefinger. Der ganze Oberkörper darf sich mitbewegen. Malen Sie diese Acht mehrmals und führen Sie danach die Bewegung mit dem linken Arm mehrmals durch.

Schluss

Nach dieser 15- bis 20-minütigen Trainingseinheit kann Ihr Kind erzählen, wie ihm diese Übungen gefallen haben. Es kann seine Leistungen selbst bewerten und sich ein bis drei Punkte geben. Entsprechend viele Sterne klebt es in sein Trainingsbuch. Nun wird die Aufgabe für den nächsten Tag gezogen.

13. Tag – Bewegte Spiele

Heute sind Sie ein Spielpartner für Ihr Kind, denn es geht in dieser Trainingseinheit um Spiele, bei denen erhöhte Aufmerksamkeit gefordert ist. Diese Spiele machen Spaß, unterstützen den natürlichen Bewegungsdrang und verbessern die Konzentrationsfähigkeit, denn das Kind muss sich die Bewegungsabläufe genau merken.

Material: Grundmaterial; zusätzlich vier Luftballons (zwei Spielballons und zwei zur Reserve), die Spielzettel, ein Hut

Vorbereitung

Suchen Sie sich einige Spiele aus den unten angegebenen Vorschlägen aus und schreiben Sie diese auf kleine Spielzettel. Die Zettel werden zusammengefaltet und in einen Hut gelegt.

Ablauf

Alle Materialien liegen griffbereit. Ihr Kind macht zwei bis drei Brain-Gym-Übungen und spricht leise sechsmal die Formel: »Ich bin ruhig und entspannt.«
Anschließend trinkt es einen Schluck Wasser und kann einen Zettel aus dem Hut ziehen. Das entsprechende Spiel wird genau erklärt und anschließend durchgeführt.
Achten Sie auf die Uhrzeit, um die 20 Minuten Trainingszeit nicht zu überschreiten.

Spiele

Klatschspiele

Klatschen und trampeln und dabei mitdenken – da sind Kinder mit Feuereifer hoch konzentriert bei der Sache!

- Sie sitzen sich gegenüber. Schlagen Sie sich mit den Händen abwechselnd langsam und schnell auf die Oberschenkel. Ihr Kind nimmt diese Klatschrhythmen sofort auf. Seien Sie einfallsreich und variieren Sie, damit Ihr Kind gut aufpassen und schnell reagieren muss.
- Sie klatschen einen Rhythmus vor. Ihr Kind schaut und hört sich diesen Rhythmus an und klatscht ihn genau nach. (Beispiel: dreimal schnell – einmal langsam oder zweimal langsam – zweimal schnell usw.)
- Sie klatschen Ihrem Kind einen Takt auf den Rücken. Ihr Kind erspürt ihn und klopft diesen Rhythmus auf Ihren Rücken.

Trampelspiele

- Sie stampfen mit den Füßen einen Rhythmus. Dabei wechseln Sie ganz unregelmäßig Trampeltakt und auch den Fuß. Ihr Kind trampelt sofort mit.
- Sie trampeln einen Takt vor. Ihr Kind hört ihn sich an und trampelt ihn nach.

Luftballonspiele

- Jeder bekommt einen Luftballon. Die Luftballons werden aufgeblasen und verknotet. Auf dem Stuhl sitzend muss nun der Luftballon abwechselnd mit der rechten und linken Hand in die Luft gestoßen werden. Dabei darf man nicht vom Stuhl aufstehen. Fällt der Ballon bei einem Spieler zu Boden, ist das Spiel beendet. Sieger ist, wer den Luftballon am längsten in der Luft halten konnte.
- Nun wird eine Zahl genannt, zum Beispiel 10. Jeder muss versuchen, den Ballon so viele Male sitzend in die Luft zu schlagen. Fällt der Ballon vorher zu Boden, muss der Spieler sein Spiel beenden. Der andere macht bis 10 weiter. (Die Zahl kann beliebig erhöht werden.)
- Sie sitzen sich mit etwas Abstand gegenüber und stoßen sich den Ballon in der ersten Runde nur mit der rechten Hand zu. Aufstehen ist nicht erlaubt. Derjenige, bei dem der Ballon zu Boden fällt, hat verloren.
  In der nächsten Runde wird der Ballon nur mit der linken Hand von einem zum anderen gestoßen und in der letzten Runde abwechselnd mit der rechten und linken Hand.
  Variation: Bevor man sich den Ballon zustößt, wird eine Zahl genannt und entsprechend lange stößt man sich den Ballon zu. Fällt er bei einem Spieler zu Boden, das heißt, nimmt er ihn nicht an, so ist das Spiel beendet und eine neue Zahl wird genannt.

Schluss

Ihr Kind kann nun über die Spiele sprechen, seine Konzentrationsfähigkeit einschätzen, sich die entsprechenden Sterne geben und sie in sein Trainingsbuch kleben. Danach wird der Zettel für den nächsten Tag gezogen.

14. Tag – Trimm-dich-Sinnesspaziergang

Material: Grundmaterial
Zusatzmaterial: eine Sammeltüte, vier Briefumschläge mit Sinnes- bzw. Konzentrationsaufgaben, eine Glocke, Bilder von Blumen, Gräsern, Pflanzen oder Blättern, die man auf dem Sinnesspaziergang finden kann (Postkarte oder Bild mit einem Wald- und Wiesenstrauß), ein feuchtes Gästetuch, eine kleine Plastiktüte

In vielen Familien gibt es oft Ärger, wenn es um das Thema »Spazierengehen« geht. Ein Sinnesspaziergang, bei dem Hören, Schauen und Bewegen im Mittelpunkt stehen, macht Spaß und fördert die Konzentrationsfähigkeit.

Vorbereitung
Suchen Sie einige Tage zuvor nach einem geeigneten Wald, Park- oder Wiesenplatz, an dem Sie diesen Trimm-dich-Sinnesspaziergang durchführen können. Da es sich um ein Sonntagsangebot handelt, gibt es keine Zeitvorgaben hinsichtlich der Durchführungsdauer und der Länge des Spaziergangs. Überlegen Sie sich Sinnesaufgaben, die das Kind zur Konzentration während dieses Spaziergangs anleiten.
Beispiele

- Geh, ohne einen Laut von dir zu geben, eine Strecke (die Glocke gibt den Beginn und das Ende dieses stummen Pfades an) und hör auf die Geräusche, die du wahrnimmst. Merk dir fünf Geräusche.
  Am Ende dieser Strecke fragen Sie die fünf Geräusche ab. Wenn es nicht so viel Verschiedenes zu hören gibt, können natürlich auch weniger Dinge benannt werden.
- Mach zehn Kniebeugen und geh dann, ohne einen Laut von dir zu geben, eine Strecke und schau genau, was du sehen kannst. Merk dir sechs Dinge und nenn sie am Ende des stummen Pfades.

Im Anschluss an die kleineren Konzentrationsspiele stellen Sie Ihrem Kind umfangreichere Aufgaben, zum Beispiel die folgende:

Wir pflücken Blumen, Pflanzen, Gräser für einen Blumenstrauß

Aufgabe für die erste Etappe

Hüpf erst auf dem rechten und dann auf dem linken Bein um den Baum und pflück auf dem Weg, den wir jetzt gehen, die Blumen, die du auf dem Bild sehen kannst oder die ich dir nenne oder beschreibe.

Aufgabe für die zweite Etappe

Stell dich mit gegrätschten Beinen hin und versuch mit durchgedrückten Beinen mit der rechten Hand die linke Fußspitze zu berühren und mit der linken Hand die rechte Fußspitze und das mindestens zehnmal. Danach pflückst du die Pflanzen und Gräser, die du auf dem Bild sehen kannst oder die ich dir nenne.

Aufgabe für die dritte Etappe

Mach zehn Liegestützen und such nun die Äste mit diesen Blättern, die du auf dem Bild sehen kannst oder die ich dir nenne.

Diese oder andere Aufgaben stecken Sie in Briefumschläge.

Ablauf

Packen Sie die Aufgaben und die weiteren Materialien (siehe Materialliste) sowie etwas Proviant und viel zu trinken in einen Rucksack. Vergessen Sie für den Blumenstrauß das nasse Tuch nicht. Damit umwickeln Sie die Blumen und stecken den Strauß mit dem Tuch in eine kleine Plastiktüte. So bleibt er frisch. Wie Sie den Spaziergang weiter gestalten, zum Beispiel mit Pausen und Picknick oder einem Überraschungsziel, das bleibt Ihrer Fantasie überlassen.

Schluss

Sprechen Sie mit Ihrem Kind, vielleicht auch erst am Abend aus etwas zeitlicher Distanz, über die heutige Erfahrung. Warum hat ihm der Ausflug heute Spaß gemacht? Was war anders als bei den sonstigen Spaziergängen? Was können Sie beide für die Zukunft daraus lernen?

Wenn dieser Sonntag ein Ansporn war für viele weitere Entdeckungstouren in die Natur, dann haben Sie viel erreicht!

3. Woche

Die Förderung der stillen Aufmerksamkeit

Reizüberflutung und dauerhafte Geräuschkulisse sind Zeichen unserer Zeit. Sie belasten bereits unsere Kinder und führen zu einer Abstumpfung der Wahrnehmungsfähigkeit. Dadurch werden auch Aufmerksamkeit und Konzentration nachhaltig beeinträchtigt. Daher gilt es, bei Kindern die stille Aufmerksamkeit zu fördern und sie immer wieder zur Ruhe finden zu lassen. Entdecken und erleben Sie in diesem Kapitel gemeinsam mit Ihrem Kind die Stille – Sie werden feststellen, dass die Konzentrationsfähigkeit von ganz allein zurückkehrt.

Stille bewusst wahrnehmen

Stille ist in unserer hektischen Zeit ein kostbares Gut geworden.

Können Sie sich in diesem Augenblick daran erinnern, wann Sie das letzte Mal die Stille erlebt haben? Oder haben Sie sie vielleicht noch nie so richtig gespürt? Stille Momente, stille Orte gibt es nicht mehr viele auf unserer Erde. Selbst in der Nacht ist es kaum einmal völlig still. Immer ist irgendwo ein Geräusch zu hören. Manchmal ist die Geräuschkulisse so stark, dass man ausbrechen möchte und sich nach einem stillen Ort sehnt, an dem man wieder zu sich selbst finden und neu auftanken kann.

Diese Geräuschbelastung führt dazu, dass der Mensch unaufmerksam wird. Die Reizüberflutung macht ihn taub und ein Schutzmechanismus sorgt dafür, dass er abschaltet und somit viele Dinge nur noch oberflächlich wahrnimmt. Die Wahrnehmung wird blockiert und verändert die Konzentrationsfähigkeit. Dadurch kommt es zu einer lückenhaften Informationsaufnahme, die die Leistungsfähigkeit mindert und das Leben negativ beeinflusst. Viele Zivilisationskrankheiten sind Folge der übergroßen Lärmbelästigung und des Ungleichgewichts zwischen Bewegung und Entspannung und somit zwischen Unruhe und Stille. Dieses Ungleichgewicht bezeichnet man auch als negativen Stress. Aus diesem Teufelskreis kommt der Mensch oft aus eigener Kraft nicht mehr heraus.

Auch Kinder leiden unter der Lärmbelästigung. Sie reagieren mit Konzentrationsschwäche, Leistungsabfall, fehlender Belastbarkeit und Unruhe. Durch Besinnung, bewusstes Wahrnehmen der Stille und Schaffen von Ruhezonen gelingt es, die stille Aufmerksamkeit, nicht nur bei Kindern, zu fördern.

Materialliste für die dritte Woche

Grundmaterial:

Trainingsheft, Mineralwasser, Sterne oder Abziehbilder), CD-Player

Zusatzmaterial:
ein Schreibblock, ein Lineal, ein Filzschreiber, Stifte, Schere, zwei Kaffeelöffel, eine Decke, meditative Musik, zwei Kopftücher, zwei Plastikdeckel, drei verschieden große Steine, zwei Löffel, Zeitungspapier, mehrere Bierdeckel, mehrere Flaschenkorken; Dinge, die Geräusche erzeugen, wie Schere, Föhn, Telefon, Staubsauger, Mixer; Dinge, die riechen, wie Zitrone, Kaffee, Kakao, Brühe, Zwiebel, Seife; Dinge, die man erfühlen kann, wie Schwamm, Gummihandschuh, Eierbecher, Korkenzieher, ein Kopftuch; ein Kalenderbild mit einem Landschaftsmotiv, ein Kalenderbild mit einer Blume, eine Duftlampe, ein reines Duftöl, zum Beispiel Orange, eine Lampe mit Dimmer

15. Tag – Wortmeditation: Stille

Heute geht es darum, sich Gedanken über ein Wort zu machen. Es ist nicht alltäglich, sich Gedanken über das Wort »Stille« zu machen. Vielleicht sind Sie oder Ihr Kind sehr erstaunt, was einem bei solch einem Wort alles einfällt. Machen Sie dieses Spiel mit und Sie werden überrascht sein, welche Gedanken Ihnen dabei im Kopf herumschwirren.

Material:
Grundmaterial; zusätzlich mehrere Blätter weißes Papier, ein Lineal, ein Stift, eine Schere, ein Filzschreiber, ein Blatt, auf dem das Wort »Stille« mit einem dicken Filzstift deutlich und in Druckbuchstaben geschrieben steht, zwei Kaffeelöffel

Vorbereitung

Der Raum, in dem diese Trainingseinheit durchgeführt wird, sollte eine ruhige Atmosphäre ausstrahlen. Der Arbeitsplatz ist vorbereitet und alle Materialien liegen griffbereit.
Machen Sie Ihr Kind nun mit dem Thema der Woche vertraut und erklären Sie ihm, dass die stille Aufmerksamkeit gefördert werden soll. Beginnen Sie mit einigen bekannten Brain-Gym-Übungen. Danach führen Sie die Wochenformel aus dem autogenen Training ein, zum Beispiel: »Ich bin still, weil ich aufmerksam sein will.« Ihr Kind sagt den Satz sechsmal leise auf.

Ablauf

Nun setzt sich Ihr Kind an seinen Arbeitsplatz und Sie legen ihm das Blatt mit dem Wort »Stille« vor. Bitten Sie Ihr Kind, sich dieses Wort zu betrachten, und erklären Sie ihm die Aufgabe: Es soll überlegen, was ihm zu diesem Wort einfällt. Danach bekommt es ein leeres Blatt Papier, das es in der Mitte durch eine Linie abtrennt. Auf eine Seite schreibt es alle positiven Gedanken, die es hat, wenn es das Wort »Stille« liest, und auf die andere Seite die negativen Assoziationen. Fällt ihm nichts mehr ein, dreht es das Blatt um. Die vorgegebene Zeit liegt bei 15 bis 20 Minuten.

Hinweis: Ihr Kind kann auch die Gedanken sammeln und diese werden später aufgezählt und von Ihnen aufgeschrieben.

Nach dieser Wortmeditation wird das Blatt wieder umgedreht und Ihr Kind kann sich leise zu seinen Gedanken äußern. Dabei wird gemeinsam festgestellt, ob die positiven oder die negativen Wörter überwiegen.

Nun sucht sich das Kind eine der negativen Assoziationen aus, liest sie, schließt die Augen und spricht diese mehrmals still vor sich hin. Dabei hört es in sich hinein, wie es ihm geht. Hört es ein Signal (zwei Löffel werden leicht aufeinander geschlagen), öffnet es die Augen und spricht über diese Meditation.

Worte haben Macht und können Einfluss auf das Befinden nehmen.

Danach sucht es sich von den positiven Begriffen ein Wort aus, liest es, schließt die Augen und spricht es immer still vor sich hin. Dabei hört es in sich hinein, wie es ihm bei diesem Wort geht. Hört es das Signal, öffnet es die Augen und spricht über diese Meditation.

Nun wird gemeinsam darüber gesprochen, bei welchen Worten man sich wohler fühlt. Danach schneidet das Kind das Blatt an der Mittellinie durch. Die negativen Begriffe werden zerrissen, denn sie sollen das Ziel der Woche, die Förderung der stillen Aufmerksamkeit, nicht stören.

Anschließend betrachtet das Kind die positiven Wörter und sucht drei Wörter aus, die in dieser Woche besonders wichtig werden

sollen. Diese schreibt es auf ein Blatt Papier und hängt dieses, zusammen mit dem Wort »Stille«, an einen Ort, wo die Wörter häufig gelesen werden können. Die positiven Wörter kann es im Laufe der Woche so oft lesen, wie es möchte. Sie sind Verstärker und tragen dazu bei, das Ziel der Woche zu erreichen.
Bitten Sie Ihr Kind nun, noch einmal die Augen zu schließen und das Wort »Stille« für sich einige Male leise zu sprechen. Danach soll es schweigen und dabei darauf achten, wie es ihm geht und welche Gedanken ihm in den Sinn kommen. Ihr Kind entscheidet selbst, wann diese Meditationsphase beendet ist, und öffnet die Augen.

Schluss

Ihr Kind kann über dieses Trainingsangebot sprechen und sich abschließend selbst mit einer Punktzahl zwischen eins und drei bewerten. Die Punkte werden in Form von Aufklebern in das Trainingsheft geklebt.
Ein neuer Aufgabenzettel für den nächsten Tag wird gezogen.

16. Tag – Sinnesspiele in der Stille

Material: Grundmaterial
Zusatzmaterial: eine Decke, CD-Player, meditative Musik, zwei Kopftücher, zwei Plastikdeckel, drei verschieden große Steine, zwei Löffel, einige Seiten Zeitungspapier, Bierdeckel, Flaschenkorken; Dinge, die Geräusche machen (siehe Seite 71); Dinge, die riechen (siehe Seite 71); Dinge, die man erfühlen kann (siehe Seite 71); ein Kopftuch als Augenbinde

Bei folgenden Spielen ist hohe Konzentration gefragt, denn Ihr Kind muss durch Fühlen, Riechen, Hören etwas erraten. Genauigkeit, Geduld und das Finden der richtigen Lösung erfordern stille Aufmerksamkeit.

Vorbereitung

Der Raum ist angenehm warm und strahlt eine wohltuende Stille aus.
Ihr Kind trinkt etwas Wasser und kann zu Beginn zwei oder drei Brain-Gym-Übungen durchführen. Es spricht sechsmal leise die Formel dieser Woche: »Ich bin still, weil ich aufmerksam sein will.« Beginnen Sie nun die Trainingszeit von 15 bis 20 Minuten.
Zunächst kann Ihr Kind eine eigene kleine Einstiegsmeditation durchführen, indem es die Augen schließt, in Gedanken das Wort »Stille« spricht und in die Stille hineinhört. Es öffnet die Augen, wenn es die Meditation beenden will.
Nun wird das Kind zu stillen Spielen eingeladen. Wählen Sie aus den unten genannten Spielen einige aus, die Ihnen zusagen. Beachten Sie beim Spielen die festgelegte Trainingszeit.

Spielideen

Fühlen und raten

In aller Ruhe Sinneseindrücke wahrnehmen und beschreiben – das schult die Konzentration enorm!

Verbinden Sie Ihrem Kind mit einem Kopftuch die Augen. Geben Sie ihm nacheinander drei Dinge zum Erfühlen (Schraubenzieher, Korkenzieher, Zahnbürste). Ihr Kind benennt die Gegenstände.
(Die Anzahl der zu erfühlenden Gegenstände kann beliebig erhöht werden.)

Riechen und raten

Ihr Kind riecht drei Dinge nacheinander (Kaffee, Zitrone, Brühe) und soll sie richtig benennen. Auch hier kann die Anzahl der Düfte erhöht werden.

Hören und raten

Ihr Kind hört nacheinander drei Geräusche (Schere, Mixer, Föhn) und benennt sie anschließend. Auch bei dieser Aufgabe kann die Anzahl der Geräusche erhöht werden.

Schmecken und raten
Ihr Kind kann nun in aller Ruhe Nahrungsmittel erschmecken und benennen.

Malen und fühlen
Ihr Kind setzt sich, mit dem Rücken zu Ihnen gewandt, auf einen Stuhl. Nun malen Sie ihm mit dem Finger etwas auf den Rücken, zum Beispiel eine Sonne. Diese erfühlt und benennt Ihr Kind. Es können beliebig viele Dinge gemalt und gefühlt werden. (Anschließend werden die Rollen getauscht und Ihr Kind malt Ihnen auf den Rücken.)
Variationen:
- Zahlen auf den Rücken schreiben und raten
- Buchstaben schreiben und raten
- Wörter schreiben und raten

Die Wärme spüren
Ihr Kind liegt bequem in Bauchlage auf der Decke. Sie knien daneben und legen sanft und behutsam Ihre Hände auf eine Stelle des Rückens, zum Beispiel die Schulter. Dort bleiben die Hände still einige Zeit liegen, damit Ihr Kind die Wärme Ihrer Hände spüren kann. Danach legen Sie die Hände ohne zu sprechen immer wieder auf eine andere Stelle, lassen sie dort verweilen und verändern ihre Position wieder. So spürt Ihr Kind in aller Ruhe die Wärme Ihrer Hände auf dem ganzen Rücken. Nach diesem intensiven Wärmeerlebnis kann Ihr Kind über das Erlebte sprechen.

Zudecken und spüren
Ihr Kind liegt auf dem Rücken, schließt die Augen und entspannt sich. Nun legen Sie mit sanftem Druck langsam verschiedene Materialien auf seinen Körper, zum Beispiel Kopftücher, Deckel, verschieden große Steine, Löffel, Zeitungspapier usw. Dieses Zudecken geschieht ganz langsam. Zwischen jedem

neuen Material sollte eine kurze Pause liegen. Nachdem Sie Ihr Kind mit den Gegenständen bedeckt haben, bleibt es einige Zeit liegen. Nun nehmen Sie die Dinge langsam eines nach dem anderen wieder vom Körper. Meint Ihr Kind, nichts mehr auf seinem Körper liegen zu haben, öffnet es die Augen, reckt und streckt sich und setzt sich auf. Danach kann es über dieses intensive Erlebnis sprechen.
Beeinflussen Sie das Wachwerden und Aufsetzen nicht. Sie werden erstaunt sein, wie lange Ihr Kind auch nach dem Abdecken noch still liegt.
Hinweis: Das Zudeckspiel und das Spiel »Wärme spüren« können mit leiser meditativer Musik unterlegt werden. Die entspannende Wirkung kann dadurch noch vertieft werden.

Schluss

Nach einem Gespräch über diese stillen Spiele kann Ihr Kind sich wieder selbst bewerten und sich ein bis drei Punkte geben und diese in sein Trainingsbuch eintragen. Ein neuer Aufgabenzettel für den nächsten Tag wird gezogen.

17. Tag – Sich fühlen und sich spüren

Material: Grundmaterial; zusätzlich meditative Musik, CD-Player, eine Decke

Bei dem heutigen Angebot geht es darum, sich selbst in einer stillen Umgebung zu erleben, sich zu entdecken und in der Stille sich selbst zu genießen.

Vorbereitung

Schaffen Sie eine geordnete und entspannte Umgebung, die zum Stillsein einlädt. Die Decke liegt ausgebreitet und die erforderlichen Materialien sind griffbereit. Führen Sie diese Trainingseinheit ohne eine feste Zeitvorgabe durch, damit kein Druck entsteht, der die Entspannung unterbinden würde.

Nachdem Ihr Kind einige Schlucke Wasser getrunken hat, kann es seine Brain-Gym-Übungen und nach Wunsch auch Yogaübungen machen. Anschließend spricht es sechsmal leise die Formel dieser Woche: »Ich bin still, weil ich aufmerksam sein will.«

Ablauf

Eine Körperreise bringt tiefe Entspannung und lehrt das Kind, seinen Körper und das Atmen bewusst wahrzunehmen.

Bitten Sie Ihr Kind, sich barfuß auf die Decke zu stellen und die Augen zu schließen. Ruhige Musik stimmt das Kind auf die Entspannung ein. Nach einer Weile wird die Musik abgestellt. Nun beginnt die Übung: Das Kind wird aufgefordert, zu sich selbst nett zu sein. Es soll sich von Kopf bis Fuß streicheln und dabei in aller Ruhe wahrnehmen (Kopf, Ohren, Augen, Augenbrauen, Nase usw.). Sie können Ihrem Kind dabei Hilfestellung geben, indem Sie sagen, welcher Körperteil befühlt werden soll. Auf diese Weise lernt es auch, die einzelnen Körperteile genau zu benennen, zum Beispiel die Nasenflügel, den Nasenrücken usw. Hat es sich ganz erfühlt, öffnet es die Augen und kann über die Streicheleinheit, die es sich selbst geschenkt hat, sprechen.

Danach bitten Sie Ihr Kind, sich entspannt auf den Rücken auf die Decke zu legen. Die Arme liegen locker neben dem Körper, die Füße sind leicht geöffnet, die Fußspitzen fallen nach außen. Kopf und Schultern liegen bequem, der ganze Körper liegt entspannt. Ruhige Musik unterstützt diese Entspannungsphase. Jetzt wird die Musik abgeschaltet und Sie begeben sich mit Ihrem Kind auf eine Reise durch den Körper. Ihr Kind geht mit Ihrer Hilfe gedanklich zu den einzelnen Körperteilen und versetzt sich in sie hinein. Es spürt nur den jeweiligen Teil seines Körpers. Es atmet in ihn hinein. Sprechen Sie dazu folgenden Text:

Geh mit deinen Gedanken zu deinem Kopf. Spür, wie er auf der Decke liegt. Mach deinen Kopf nun ein wenig leer. Denk an alle Dinge, die dich belasten, die du loswerden willst. Atme bei jedem Gedanken tief durch die Nase ein und puste ihn beim Ausatmen laut aus deinem Mund aus. Schick so die belastenden Gedanken fort. Mach deinen Kopf frei. (Ihr Kind macht diese Atemübung mehrmals.) Schick nun bei jedem Atemzug reinen, klaren Atem, reinen Sauerstoff und Frische in deinen Kopf. Atme diese Frische tief durch die Nase ein und langsam durch die Nase wieder aus. Dabei macht sich Frische in deinem Kopf breit. (Ihr Kind atmet einige Male.) Jetzt geht die Reise weiter. Richte deine Gedanken nun auf deinen Nacken und auf deine Schultern. Spür, wie der Nacken und die Schultern sich anfühlen. Wir wollen ihnen Entspannung schenken. Doch zunächst wollen wir die Verspannungen aus deinem Nacken und den Schultern entfernen. Atme nun wieder tief durch die Nase ein und atme alle Verspannungen, die du in diesen Körperteilen verspürst, durch den Mund laut aus (mehrmals machen). Nun füll diese Körperteile mit frischem Sauerstoff. Atme tief durch die Nase ein und wieder aus und schick in deinen Gedanken frischen Sauerstoff und somit Entspannung in deinen Nacken und in deine Schultern (mehrmals durchführen). Die Reise geht weiter. Richte nun deine Gedanken auf deinen Rücken. Spür ihn, spür auch seine Verspannungen. Wir schicken auch dem Rücken Sauerstoff und Energie. Doch zunächst wollen wir die Verspannungen aus dem Rücken lassen. Atme nun durch die Nase tief ein und durch den Mund wieder aus. Bei jedem dieser Atemzüge löst sich die Verspannung (mehrmals machen). Nun schicken wir dem Rücken Sauerstoff und Energie. Atme tief durch die Nase ein und durch die Nase wieder aus. Spür, wie die Energie in deinen Rücken fließt (mehrmals machen). Nun wollen wir noch die Arme mit ihren Händen und die Beine mit ihren Füßen spüren und von Verspannungen lösen. Richte nun deine Gedanken auf die Arme, auf die Hände, auf die Beine und auf die Füße. Spür sie. Atme nun tief durch die Nase ein und durch den Mund aus und löse so aus den Armen, den

Händen, den Beinen und den Füßen die Verspannungen (mehrmals machen). Atme nun durch die Nase ein und durch die Nase aus und füll so die Arme, die Hände, die Beine und die Füße mit neuer Energie, mit frischem Sauerstoff (mehrmals machen). Spür nun für einen Augenblick deinen ganzen Körper und genieß diesen Moment.
Nun weck langsam deine Finger, deine Hände, deine Arme, deine Zehen, deine Beine, deinen ganzen Körper. Beweg ihn, reck und streck dich, strample wie ein Käfer mit Armen und Beinen, gähn laut, öffne erst jetzt die Augen und setz dich hin.

Schluss

Ihr Kind kann nun darüber berichten, wie es sich nach dieser Reise fühlt. Es kann sein Wohlbefinden bewerten und entsprechend ein bis drei Sterne in das Trainingsbuch kleben.

18. Tag – Schau genau

Die meisten Kinder haben das genaue Hinschauen verlernt. Dieses Trainingsangebot ist in zwei Phasen aufgeteilt. In der ersten Phase lernt Ihr Kind, sich über einen Zeitraum von etwa zwei bis drei Minuten ein Bild (eine Landschaft) genau anzuschauen, um es dann aus der Erinnerung wiederzugeben. In der zweiten Phase schaut sich Ihr Kind in einem Zeitraum von etwa zwei bis drei Minuten ein Bild (eine Blume) genau an, um es dann aus der Erinnerung zu malen.

Material: Grundmaterial; zusätzlich ein Kalenderbild mit einer Landschaft, ein Kalenderbild mit einer Blume, Malpapier, Stifte

Vorbereitung

Nachdem Ihr Kind etwas Mineralwasser getrunken hat, kann es sich zunächst durch Brain-Gym-Übungen, Yogaübungen und der Formel aus dem autogenen Training »Ich bin still, weil ich aufmerksam sein will« von den Außenreizen lösen, um sich auf die vor ihm stehende Aufgabe zu konzentrieren.

Ablauf

Ihr Kind setzt sich an seinen aufgeräumten, vorbereiteten Arbeitsplatz (alle Materialien liegen griffbereit) und Sie stellen ihm die Aufgabe, das genaue Betrachten des Bildes.
Teilen Sie Ihrem Kind mit, dass Sie das Bild nach etwa zwei bis drei Minuten wegnehmen werden und es dann auf Ihre Fragen antworten bzw. das Bild aus der Erinnerung beschreiben muss. Danach wird das Bild noch einmal betrachtet und Ihr Kind kann selbst überprüfen, wie gut es die Aufgabe erfüllt hat.
Nach diesem ersten Teil der Beobachtungsaufgabe kann es sich wieder mit Hilfe einer Brain-Gym-Übung und der Wochenformel konzentrieren. Anschließend legen Sie ihm das Blumenmotiv auf den Arbeitsplatz. Dieses betrachtet es etwa zwei bis drei Minuten. Danach nehmen Sie das Bild weg und Ihr Kind malt es aus dem Gedächtnis nach.
Zur Überprüfung geben Sie ihm danach das Blumenbild wieder und Ihr Kind kann feststellen, wie gut es die Aufgabe erledigt hat.

Schluss

Nach diesen beiden Phasen kann Ihr Kind sich selbst bewerten und sich ein bis drei Punkte geben. Die Sterne und das gemalte Bild werden in die Trainingsmappe geklebt bzw. geheftet. Ein neuer Aufgabenzettel für den nächsten Tag wird gezogen.

19. Tag – Massagegeschichte: Heute liege ich auf der Wiese

Mit Hilfe dieser Geschichte erlebt Ihr Kind, wie durch Berührung, das heißt hier Massage mit Gegenständen, das Wohlbefinden verbessert werden kann. Es erlebt Entspannung und tankt auf. Es erfährt Berührung, die gut tut.

Vorbereitung

Legen Sie in einem aufgeräumten, warmen und leicht abgedunkelten Raum auf den Boden oder das Bett eine Decke. Stellen Sie eine Duftlampe mit dem Orangenduft auf und stellen Sie die restlichen Materialien griffbereit.
Nachdem Ihr Kind getrunken hat, kann es wieder Brain-Gym-Übungen oder Yogaübungen machen und die Wochenformel sechsmal leise sprechen.

Material: Grundmaterial; zusätzlich eine Decke, ein CD-Player, entspannende Musik, Duftlampe mit einem entspannenden Duft (Orange), ein Bierdeckel, ein Kochlöffel

Ablauf

Ihr Kind legt sich bäuchlings auf die Decke. Leise Musik bringt es zur Ruhe. Sie laden es nun ein (ohne Zeitdruck, das heißt ohne den Blick zur Uhr), mit Ihnen eine Reise zu einer Wiese zu machen und sich von Ihnen durch kleine Massagen verwöhnen zu lassen. Sprechen Sie dazu folgenden Text und führen Sie die entsprechenden Handgriffe oder Massagegriffe aus:

Heute lieg ich auf der Wiese,
mich berührt 'ne frische Brise.
(Mit dem Bierdeckel wedeln)
Ich lieg da und bin ganz still,
weil ich die Sonne spüren will.
(Die Hände auf den Körper legen)
Ruh mich aus und bin entspannt,
bin in meinem stillen Land.

Ein Käfer sagt mir: »Guten Tag«,
ich lieg ganz still, weil ich ihn mag.
Er krabbelt auf mir hin und her,
(mit den Fingerspitzen auf dem Körper hin und her laufen)
ihn zu spüren, ist nicht schwer.
Er krabbelt schnell und fliegt dann fort
an einen andren stillen Ort.
(Mit den Fingern vom Körper krabbeln)

Ich lieg da und bin ganz still,
weil ich die Sonne spüren will.
(Hände auf den Rücken legen)
Ruh mich aus und bin entspannt,
bin in meinem stillen Land.

Ein Regenwurm sagt: »Guten Tag«,
ich lieg ganz still, weil ich ihn mag.
Er kriecht auf mir hin und her,
(mit dem Kochlöffel über den ganzen Körper ziehen)
ihn zu spüren, ist nicht schwer.
Er kriecht schnell und kriecht dann fort
an einen andren stillen Ort.
(Den Kochlöffel vom Körper ziehen)

Reime, die von sanften Berührungen begleitet werden, wirken tief in Körper und Geist hinein.

Ich lieg da und bin ganz still,
weil ich die Sonne spüren will.
(Die Hände auf den Rücken legen)
Ruh mich aus und bin entspannt,
bin in einem stillen Land.

Plötzlich macht es pitsch und patsch,
(mit den Zeigefingern auf dem Körper hin und her springen)
ich glaub, mein Rücken wird ganz nass.
Darum lauf ich schnell nach Haus
(mit den Handflächen über den Körper patschen)
und die Geschichte ist jetzt aus.

Schluss

Ihr Kind kann noch einen Augenblick still liegen bleiben und dieses Körpergefühl genießen. Danach teilt es seine Körpergefühle mit und gibt dieser Einheit bzw. seinem Körpergefühl ein bis drei Punkte.

20. Tag – Fantasiereise: Eine Reise ins unbekannte Land

Die meisten Kinder haben es verlernt, sich etwas vorzustellen. Mit Hilfe von Fantasiereisen können Kinder lernen, innere Bilder zu sehen, die ihnen Ruhe vermitteln und somit ihr Wohlbefinden verbessern.

Wichtig: Wenn Sie Ihrem Kind noch nie eine Fantasiegeschichte erzählt haben, beachten Sie bitte folgende Hinweise:

- Erzählen Sie die Geschichte in einer entspannten Lautstärke und in beruhigendem Tonfall.
- Legen Sie nach jedem Satz eine kurze Pause ein, damit sich die Entspannung einstellen kann.
- Beobachten Sie während der Reise Ihr Kind. Je nach Entspannungsfähigkeit können Sie die Geschichte verkürzen oder verlängern.
- Lassen Sie im Hintergrund ganz leise entspannende Musik laufen und sorgen Sie für eine erholsame Atmosphäre.
- Holen Sie Ihr Kind mit einer klaren und etwas lauteren Stimmlage wieder aus seiner Fantasiewelt zurück. Die Rückführung muss so geschehen wie unten beschrieben, da der Kreislauf des Kindes wieder aktiviert werden muss.
  Erst wenn Ihr Kind ganz wach ist, sollte es sich hinsetzen.

Material: Grundmaterial; zusätzlich eine Decke, eine Duftlampe mit einem entspannenden Öl, eine Lampe mit Dimmer, CD-Player mit Entspannungsmusik

Vorbereitung

Der Raum, in dem diese Geschichte erzählt wird, sollte warm und leicht abgedunkelt sein. Eine Duftlampe sorgt für eine entspannende Atmosphäre. Die Lampe gibt etwas Helligkeit. Der CD-Spieler steht griffbereit und die Decke liegt auf dem Bett oder auf dem Boden.

Bevor es sich Ihr Kind auf der Decke bequem macht, sollte es etwas trinken, einige Brain-Gym-Übungen oder Yoga machen und seine Wochenformel sechsmal sagen. Danach kann es sich auf die Decke legen und mit Ihnen auf Entspannungsreise gehen.

Ablauf

Geschichte

Die Fantasie wecken – das bietet die Möglichkeit, sich zu sammeln und störende Gedanken zu verbannen.

Leg dich locker und entspannt auf deine Decke.
Spür deinen ganzen Körper und leg dich noch einmal anders hin, wenn du das Gefühl hast, dass dein Körper noch nicht richtig liegt.
Schenk nun allen Körperteilen deine Aufmerksamkeit und schick ihnen in Gedanken Ruhe und Entspannung.
Lenk deine Aufmerksamkeit auf deine Füße, deine Beine, deinen Po, deinen Rücken, deine Schultern, deine Arme, deine Hände, deinen Hals, deinen Kopf, dein Gesicht, dein Herz, deinen Atem.
Schenk deinem ganzen Körper Ruhe und Entspannung.
Atme tief und gleichmäßig ein und aus und spür, wie du dich bei jedem Atemzug tiefer entspannst.
Schau nun mit geschlossenen Augen.
Vor deinen geschlossenen Augen siehst du ein großes, blaues Meer.
Seine Wellen sind ganz still.
Du stehst am Strand und schaust auf das stille Meer.
Nichts ist zu hören.
Es ist um dich herum ganz still.
Mit einem Mal siehst du in der Ferne ein Schiff.
Es kommt direkt auf dich zu und wird immer größer und größer.
Lautlos kommt es an den Strand.
Eine wunderschöne Fee steigt aus.
Schau sie dir an.
Wie sieht sie aus?
Sie lächelt, reicht dir die Hand und nimmt dich mit auf das Schiff.
Lautlos bringt es dich fort.
Du bist nun mitten auf dem Meer.
Wohin bringt dich die Fee?

Bleib ganz still liegen und du wirst sehen, wohin die Fahrt geht.
Atme ruhig und entspannt und schau, was du nun siehst.
Wohin bringt dich dein Schiff?
Schau und staune.

– Pause mit Musik –

Halte alle Eindrücke fest.
Speichere sie in deinem Gedächtnis, denn deine Reise ist beendet.
Die Fee bringt dich wieder an den Strand.
Sie verabschiedet sich und steigt wieder in das Schiff.
So lautlos, wie es gekommen ist, so lautlos verschwindet es.
Du stehst da und schaust auf das Meer.
Das Schiff ist fort und auch das Meer verschwindet langsam vor deinem inneren Auge.
Du bist wieder hier in deinem Zimmer.
Weck dich langsam und behutsam. Beweg zuerst die Finger, die Hände, die Arme, dann die Zehen, die Füße, deinen ganzen Körper, reck und streck dich, gähn ganz laut, zappele mit Händen und Füßen, roll dich auf der Decke hin und her und öffne erst jetzt die Augen.

Entspannungsgeschichten können auch gut vor dem Einschlafen erzählt werden. Sie fördern das problemlose Einschlafen.

Schluss

Ihr Kind kann nun von seinen Erlebnissen berichten und den Ort, den es gesehen hat, beschreiben. Danach kann es sein Erlebnis bewerten und entsprechend viele Punkte in sein Trainingsbuch kleben.
Hinweis: Sollte Ihr Kind noch Interesse haben, kann es das Fantasiebild auch malen.

21. Tag – Auf der Suche nach stillen Orten

Muße und Ruhe, um Schönheiten der Natur wahrzunehmen – ein Glück, das im Alltag Kraft schenkt.

Machen Sie an diesem dritten Trainingssonntag mit Ihrem Kind einen besonderen Ausflug, indem Sie drei oder vier beschauliche Orte aufsuchen, um dort die Stille zu erleben. Vielleicht legen Sie am Schluss für sich den Ort fest, den man in Zukunft häufiger aufsucht, um sich dort wieder mit Ruhe, Kraft und stiller Aufmerksamkeit zu füllen.

Solche stillen Orte können sein: die Wiese hinter dem Haus, der Park um die Ecke, der Holzschuppen, die Kirche, das Zimmer von Opa, die Bank in der Kastanienallee, das Rosenbeet vor dem Haus usw.

Verweilen Sie dort eine Zeit lang und tragen Sie gemeinsam mit Ihrem Kind Besonderheiten zusammen, die Ihnen an diesem stillen Platz wichtig sind. Besprechen Sie, wie es Ihnen hier geht. Lassen Sie sich an diesem Ort auf eine stille Beobachtung ein, zum Beispiel eines Käfers, eines Schmetterlings oder der Sonnenstrahlen, die durch die Bäume blitzen.

Laden Sie Ihr Kind zu einem magischen Spiel ein. Dazu suchen Sie sich einen besonders schönen Punkt aus. Es ist ein Platz in der Natur, der Ihre Blicke magisch anzieht, zum Beispiel eine besonders schöne Blume, ein Blatt, eine Seerose usw. Halten Sie Ihre Augen still und bleiben Sie selbst möglichst in einer starren Haltung. Fixieren Sie Ihre Augen auf diesen Punkt, so lange Sie es aushalten können. Diese starre, magische Betrachtung führt Sie in eine tiefe Entspannung und lässt um Sie herum alles entfliehen.

Diese Betrachtung bietet eine schöne Möglichkeit, um wieder zu sich selbst zu finden. Diese magische Betrachtung können Sie an den stillen Orten als Abschluss durchführen.

Die Auswertung dieses besonderen Spaziergangs können Sie vielleicht in einer Eisdiele oder bei einem Picknick vornehmen. Sie werden sich sicher viel zu erzählen haben.

4. Woche

Die Förderung der geistigen Aufmerksamkeit

Die kreative Aufmerksamkeit, die bewegte Aufmerksamkeit und die stille Aufmerksamkeit Ihres Kindes sind nun gefestigt, und in der letzten Woche ist es in der Lage, sich der geistigen Aufmerksamkeit zu widmen.
Die in diesem Kapitel aufgeführten Ideen erfordern eine Menge Selbstständigkeit, Entscheidungsfähigkeit, Ausdauer, Geduld, ein sicheres Arbeitstempo und Sorgfalt im Tun. Dabei wird die Konzentrationsfähigkeit stark gefordert, denn ohne sie bleiben die Erfolge aus. Unterstützen Sie Ihr Kind, indem Sie weiterhin mit ihm spielen, sprechen, kreativ sind und viel Spaß haben.

Die Voraussetzungen geistiger Konzentration

Vergessen Sie nie, Ihr Kind für seine Leistungen zu loben.

Wie, wo und wann ist der Mensch am lernfähigsten? Was braucht ein Mensch, wenn er lernen will, wenn er geistig kreativ sein will, wenn er etwas überdenken, bedenken, behalten will? Wenn er sich auf das, was er tut, konzentrieren will?
Er braucht Zeit, Ruhe, eine geordnete, vorbereitete Umgebung, genügend Anreize, die seine Lernfreude, Neugierde, Motivation und Experimentierfreude wecken.
Eine andere wichtige Voraussetzung, um geistig aktiv zu sein, ist die, mit sich selbst im »Reinen« zu sein.
Probleme, Ängste, Sorgen blockieren die geistige Aufmerksamkeit.
Konzentration kann nur erreicht werden, wenn der Mensch diese Bedingungen vorfindet und sich in der Balance befindet. Erst dann ist er in der Lage, sich ganz von den äußeren Reizen zu lösen und abzuschalten. Und dies wiederum ist Voraussetzung, um die Sinne einzuschalten und sich ganz mit einer Sache oder einer Aufgabe auseinander zu setzen.
Dann können auch die Gedanken geordnet, strukturiert und vernetzt werden und Wichtiges kann gespeichert werden. Erst auf dieser Basis ist es möglich, eine Sache wirklich zu verstehen und zu behalten.
Wenn diese Voraussetzungen erfüllt sind, macht Lernen Spaß. Darum ist es bei der Konzentrationsförderung wichtig, ganzheitlich zu trainieren. Die vergangenen drei Wochen schufen damit die Grundlage dafür, dass jetzt die geistige Aufmerksamkeit geschult werden kann.

Materialliste für die vierte Woche

Etwa 30 Tonpapierkarten in Postkartengröße, Schere, Filzstifte, Buntstifte, Zahlenwürfel, Tennisball, Schreibblock, Sanduhr, Märchenbuch, Malblock, Stoppuhr, ein größerer, rechteckiger Spiegel, zwei Kaffeelöffel

Hinweis: Schauen Sie zu Beginn der Woche nach, welche Spielkarten und Arbeitsblätter Sie für einzelne Tage vorbereiten müssen, damit die Woche stressfrei ablaufen kann.

22. Tag – Spiele, die zum Nachdenken anregen

Nun ist logisches Denken gefragt! Das Gedächtnis wird überprüft, erkennen, benennen und Reihenfolgen bilden werden geübt. Alle diese Aufgaben erfordern gute Konzentration und geistige Aufmerksamkeit.

Material:
20 bis 30 leere Tonpapierkarten in Postkartengröße, Schere, Filzstifte, Buntstifte, Zahlenwürfel

Vorbereitung
Lüften Sie den Raum gründlich und legen Sie alle Materialien griffbereit.
Stellen Sie sicher, dass Sie während der kommenden 15 bis 20 Minuten nicht gestört werden.
Machen Sie Ihr Kind mit dem Thema der Woche vertraut und weisen Sie es darauf hin, dass in dieser letzten Trainingswoche Selbstständigkeit, Ausdauer, ein zügiges Arbeitstempo und geistige Aufmerksamkeit gefragt sind.
Nennen Sie Ihrem Kind die Formel aus dem autogenen Training, die diese Woche begleiten wird: »Ich habe Mut und mir gelingt alles gut.«
Nun kann Ihr Kind noch etwas Wasser trinken, einige Brain-Gym-Übungen durchführen und sechsmal leise die Wochenformel sprechen. Anschließend wird das erste Spiel gespielt. Auf die Zeit wird erst dann geachtet, wenn die Vorbereitungen getroffen sind und die Spielphase beginnt.
Suchen Sie aus den folgenden Angeboten Spiele heraus, die Ihrem Kind Spaß machen. Wie viele Spiele Sie in einer Trainingseinheit machen, spielt keine Rolle. Wichtig ist nur, dass Ihr Kind mit Spaß und Ausdauer bei der Sache ist.

Es ist verblüffend, wie gut Kinder beim Memory sind. Dieses Konzentrationsspiel lässt sich in vielen Varianten durchführen und macht immer wieder Spaß.

Spielvorschläge

Wortmemory

Spielen Sie mit Ihrem Kind möglichst oft Memory, denn es regt die geistige Konzentration an. Sie werden erstaunt sein, wie schnell das Gedächtnis wach wird und wie rasch sich der Erfolg einstellt. Eine Variation besonders für ältere Kinder ist das Wortmemory. Dazu brauchen Sie Postkarten, die Sie in der Mitte durchschneiden. Nun suchen Sie mit Ihrem Kind Wörter aus und schreiben diese mit dicken Filzstiften in Druckbuchstaben auf die Karten. (Jeder schreibt ein Wort; anschließend kann verglichen werden. So kann nebenbei das fehlerfreie Schreiben trainiert werden. Beachten Sie dabei den Tipp zum fehlerlosen Schreiben, den Sie am Ende dieser Spielreihen finden.)
Wenn Sie genügend Wortpaare gefunden haben, können Sie das Wortmemory nach den Spielregeln des Bildermemorys spielen.

Variationen:

Formenmemory, Zahlenmemory (hierbei werden die Wörter durch Formen oder Zahlen ersetzt).

Die Viererreihe

Material: insgesamt 20 Wort-, Zahlen- oder Formenkarten mit je vier gleichen Zahlen, Wörtern oder Formen, ein Würfel
Vorbereitung: Stellen Sie jeweils vier gleiche Wort-, Zahlen- oder Formenkarten her (zum Beispiel 4 x »1«, 4 x »2«, 4 x »3«, 4 x »4«, 4 x »5«).
Spielablauf: Diese 20 Karten legen Sie mit dem Motiv nach unten auf den Tisch. Zunächst werden die Karten im Spiel umgedreht, das heißt, jeder würfelt und die Augenzahl gibt an, wie viele Karten umgedreht und genau betrachtet werden. Nach jeder Betrachtung werden die Karten wieder, mit dem Motiv nach unten, umgedreht. Sie bleiben aber immer auf der gleichen Stelle liegen. Haben Sie und Ihr Kind sich die Karten gut gemerkt, wird der Würfel weggelegt. Nun dreht jeder eine Karte um. (Jeder muss ein anderes Wort, eine andere Zahl oder eine ande-

re Form haben.) Danach gibt einer ein Kommando, zum Beispiel »Achtung, fertig, los« und jetzt muss jeder seine drei verbleibenden Zahlen, Formen oder Wörter so schnell wie möglich aufdecken. Wer zuerst seine vier gleichen Karten sichtbar vor sich liegen hat, signalisiert dem anderen, dass das Spiel zu Ende ist.
Variation: Man kann Fünfer-, Sechser-, Siebener-Reihen bilden. Je mehr gleiche Zahlen, Formen oder Wörter gesucht werden müssen, umso schwieriger wird das Spiel.

Reihenfolgen legen
Material: die bereits vorbereiteten Zahlen-, Formen- und Wortkarten
Spielablauf: Ein Mitspieler legt mit den Karten eine Reihenfolge vor (Beispiel: Dreieck, Fünf, Kreis, Haus ...).
Diese Reihenfolge wird nach einem Kommando von jedem Mitspieler gelegt und genauso weitergelegt. Erst wenn keine Karten mehr für die richtige Reihenfolge gefunden werden, ist das Spiel beendet. Wer hat alles richtig und die längste Kartenschlange?
Variation: Finde den Fehler
Ein Mitspieler schaut sich diese Kartenschlange genau an. Dann dreht er sich um und ein anderer verändert die Reihenfolge, das heißt, er baut einen oder mehrere Fehler ein. Nun muss der Erste den oder die Fehler in einer bestimmten Zeit finden und die Reihenfolge wieder fehlerlos legen. (Auch hierbei kann der Schwierigkeitsgrad immer wieder erhöht werden.) Dieses Spiel kann immer wieder mit neuen Reihenfolgen durchgeführt werden.

In ein Spiel verpackt, sind viele Konzentrationsaufgaben eine echte Herausforderung!

Ich übe buchstabieren
Material: zehn leere Postkarten, Filzstifte, Schere
Vorbereitung: Halbieren Sie die Tonpapierkarten (Postkarten) und schreiben Sie gemeinsam mit Ihrem Kind leichte und schwere, lange und kurze Wörter darauf, pro Karte ein Wort. Die Karten werden umgedreht auf den Tisch gelegt.

Spielablauf: Ein Mitspieler beginnt. Er nimmt eine Karte und liest das Wort vor.
Der andere schließt die Augen, stellt sich das Wort vor und buchstabiert dieses so schnell wie möglich. Ist es richtig buchstabiert, darf er die Wortkarte behalten und ist noch einmal mit Buchstabieren dran. Macht er einen Fehler, kommt der andere Mitspieler an die Reihe.
Variationen: Ein Mitspieler nimmt eine Karte und buchstabiert das Wort. Der andere muss die Buchstaben im Gedächtnis zusammenfügen und das Wort nennen.
Ein Mitspieler liest das Wort und nennt die Buchstaben in rückwärtiger Reihenfolge. Der andere muss versuchen, das Wort richtig zu nennen.
Ein Mitspieler liest das Wort und der andere muss es rückwärts buchstabieren. Für jedes richtige Wort bekommt er die Wortkarte.

> Die Aufgabe, sich ein Wort gedanklich vorzustellen und es anschließend zu buchstabieren, ist nicht nur eine gute Konzentrationsübung, sondern auch eine gute Übungshilfe für fehlerloses Schreiben.

Schluss

Ihr Kind kann seine Leistungen bewerten und sich ein bis drei Punke geben. Danach zieht es für den nächsten Tag einen neuen Zettel.

23. Tag – Allerlei Geschichten

Der Umgang mit Wörtern, das Bilden von Sätzen, das Herausfinden von Zusammenhängen und das Erfinden von Geschichten erfordern Schnelligkeit und Konzentration. Die Fantasie

wird geschult. Es ist oft verblüffend, welche Geschichten dabei entstehen.
Heute sollen Geschichten gelesen, geraten und erfunden werden.

Material: Grundmaterial; zusätzlich 10 bis 20 Tonpapierkarten in Postkartengröße, Filzstifte, Schere, ein Tennisball, ein Schreibblock, eine Sanduhr, ein Geschichten- oder Märchenbuch, eine in Kreisform aufgeschriebene Geschichte, eine Geschichte ohne Punkt und Komma

Vorbereitung

Zerschneiden Sie die Tonpapierkarten und schreiben Sie auf die Karten beliebige Wörter. Danach schreiben Sie aus einem Märchen ein Stück ab und zwar in Form eines Kreises. Auf ein anderes Blatt schreiben Sie ohne Punkt, Komma oder Wortzwischenabstände einen Text aus einem Märchen auf.
Danach schreiben Sie aus Märchen oder Geschichten, die Ihr Kind kennt, kurze Sätze auf die Postkarten.
Schaffen Sie eine geordnete und ansprechende Umgebung und erklären Sie Ihrem Kind das heutige Trainingsprogramm. Ihr Kind trinkt etwas Wasser, macht einige Brain-Gym-Übungen und spricht sechsmal leise die Formel aus dem autogenen Training: »Ich habe Mut und mir gelingt alles gut.«
Nun ist Ihr Kind bereit, mit Ihnen Geschichten zu erraten, zu lesen und zu erfinden. Ihr Kind kann sich dabei jedes Mal aussuchen, ob es eine Geschichte lesen, raten oder erfinden will.

Erzählvorschläge

Geschichten lesen

Ihr Kind liest, möglichst ohne zu stocken, einmal die rund aufgeschriebene Geschichte und ein anderes Mal die Geschichte ohne Punkt und Komma. Der Titel soll danach erraten werden.

Geschichten raten

Lesen Sie Ihrem Kind die Textteile vor. Es soll erraten, aus welchen Märchen diese Teilstücke stammen.

Geschichten erfinden

- Ihr Kind kann sich aus den Wortkarten drei Karten ziehen. Nun versucht es, damit eine Geschichte zu erfinden.

Variation: Das Kind zieht immer nur eine Karte und holt anschließend mehrere dazu. Diese Wörter müssen jeweils in die Geschichte eingebaut werden. Sie können sich dabei abwechseln. Wenn Ihr Kind eine Karte zieht, erfindet es einen Teil, ziehen Sie eine Karte, dann erfinden Sie einen Teil usw.

Geschichten hören und Geschichten erfinden – das weckt die Fantasie, schult das schlüssige Denken und fördert das Ausdrucksvermögen.

- Ein Mitspieler nimmt den Tennisball und beginnt frei nach seiner Fantasie eine Geschichte zu erfinden. Nach einer gewissen Zeit gibt er den Ball ab und der andere spinnt die Geschichte weiter, dann gibt er wieder ab und der Nächste spinnt weiter usw. Wenn einer der Mitspieler die Geschichte beenden will, sagt er einfach: »Die Geschichte ist aus und ich geh jetzt nach Haus.«
- Ein Mitspieler dreht die Eieruhr um und erzählt so lange, wie der Sand läuft, eine Geschichte. Er darf die Geschichte nicht eher beenden, bis der Sand durchgelaufen ist.

Schluss

Fragen Sie Ihr Kind, welches Geschichtenspiel zuerst gespielt wurde (das ist ein gutes Gedächtnistraining). Diese Geschichte wird wiederholt.
Ihr Kind kann abschließend sich und seine Leistung bewerten, sich die entsprechenden Punkte geben und einen neuen Zettel ziehen.

24. Tag – Wortspielereien

Wortspielereien helfen Ihrem Kind, seinen Sprach- bzw. Wortschatz zu erweitern und zu verbessern. Sie unterstützen die Sprachfreude und erweitern seine Sprachkenntnisse.

Vorbereitung

Sorgen Sie für eine gute Raumluft, eine ansprechende Atmosphäre und legen Sie das Material griffbereit.

Machen Sie Ihr Kind mit dem Motto der Trainingseinheit bekannt. Erzählen Sie ihm, dass es heute um Wortspielereien geht.
Nun kann Ihr Kind etwas Wasser trinken, einige Brain-Gym-Übungen machen, sechsmal leise die Wochenformel sprechen und das erste Spiel beginnen.

Material: Grundmaterial; zusätzlich eine Stoppuhr, ein Stift, ein Blatt Papier, vorbereitete Wortkarten mit den Wörtern aus dem letzten Spiel

Nenne Wörter mit s

Fordern Sie Ihr Kind auf, in einer bestimmten Zeit möglichst schnell Wörter zu nennen, die mit »s« beginnen. Für jedes genannte Wort bekommt es einen Strich. Nun können andere Anfangsbuchstaben genannt werden.
Variationen:

- Nenn Dinge, die blau sind.
- Nenn Bauernhoftiere.
- Nenn Dinge, die auf dem Wasser schwimmen.
- Nenn Zootiere.
- Nenn Dinge, die zum Werkzeug gehören.

(Das Spiel kann beliebig weitergeführt werden.)

Hör zu und mach mit

Material: Stoppuhr
Ihr Kind soll in einer bestimmten Zeit mit Ihnen reimen, das heißt, Sie nennen ein Wort und Ihr Kind nennt das Reimwort, zum Beispiel Haus – Maus, Kante – Tante, Keller – Teller.
Oder: Sie nennen ein Wort und Ihr Kind sagt spontan, was ihm dazu einfällt, zum Beispiel Suppe – heiß, Mond – Nacht, Auto – Hupe usw.
Oder: Sie nennen ein Wort und Ihr Kind benennt den Gegensatz, zum Beispiel heiß – kalt, rau – glatt, eckig – rund, Tag – Nacht usw.
Oder: Sie machen pantomimische Bewegungen und Ihr Kind errät die dargestellte Aktivität, zum Beispiel schwimmen, weinen, lachen, kämmen, schneiden, waschen usw.

Wortspielereien schulen auch das genaue Hinhören, die auditive Wahrnehmung, das Gedächtnis und die Kombinationsfähigkeit.

Oder: Sie nennen ein Wort, zum Beispiel Schnee, und Ihr Kind sagt ein Wort, das mit dem letzten Buchstaben dieses Wortes beginnt, zum Beispiel Esel; anschließend nennen Sie wiederum ein Wort, das mit dem letzten Buchstaben beginnt, zum Beispiel Lampe.

Der Essweltmeister wird gesucht

Sie erzählen, was Sie gern essen: »Ich esse gern einen Apfel.« Ihr Kind wiederholt diesen Satz und sagt dazu, was es selbst gern isst, zum Beispiel: »Ich esse gern einen Apfel und eine Banane.« Dann sind Sie wieder an der Reihe: »Ich esse gern einen Apfel, eine Banane und ein Käsebrot.« Diese Kette wird möglichst lange weitergeführt. Fällt einem Mitspieler nichts mehr ein, sagt er einfach: »Ich bin satt.« Essweltmeister ist, wer nicht den letzten Satz sagt.

Worterfinder

Material: Wortkarten mit folgenden Wörtern: Schere, Messer, Teller, Blumenvase, Mütze, Schuh, Tasche
Auf die Rückseite der Wortkarten schreiben Sie ein Fantasiewort. Ihr Kind soll das richtige Wort finden.
Papierzerschnippeler = Schere
Butterverstreicher = Messer
Nudelträger = Teller
Blumenhalter = Vase
Kopfwärmer = Mütze
Fußhalter = Schuh
Vorratsträger = Tasche
Danach nennen Sie »richtige« Wörter und Ihr Kind erfindet Fantasiewörter.

Schluss

Ihr Kind bewertet seine Leistungen und gibt sich ein bis drei Punkte. Der Aufgabenzettel für den nächsten Tag wird gezogen.

25. Tag – Spiele zum genauen Betrachten

Material: Grundmaterial; zusätzlich mehrere weiße Blätter, Malstifte, ein größerer rechteckiger Spiegel, dünne Filzstifte

Genaues Betrachten will gelernt sein! Leider haben die meisten Menschen dafür wenig Zeit. Sie schauen nicht genau, übersehen viele Dinge und machen dadurch Fehler oder vergessen vieles. Daher soll das genaue Betrachten, das viel Konzentration erfordert, in dieser Trainingseinheit geschult werden.

Vorbereitung

Bereiten Sie die Blätter vor, die Sie für die unten angeführten Spiele benötigen. Legen Sie alle Materialien griffbereit und sorgen Sie für gute Luft und eine geordnete Umgebung. Auch bei diesen Spielen halten Sie bitte wieder eine Trainingsdauer von 15 bis 20 Minuten ein. Zunächst trinkt Ihr Kind etwas Wasser, macht einige Brain-Gym-Übungen und spricht sechsmal die Wochenformel aus dem autogenen Training: »Ich habe Mut und mir gelingt alles gut.« Nun machen Sie es mit dem Thema dieser Trainingseinheit bekannt und nennen ihm die erste Aufgabe.

Spiele

Spiegelbild

Material: ein Spiegel, ein Filzstift, Blätter mit den Motiven: Haus, Zackenstern, Bleistiftweg mit Ecken und Rundungen, Kreis

Aufgabe

Legen Sie Ihrem Kind ein Blatt mit einem Motiv vor und stellen Sie oben an den Rand des Blattes einen Spiegel. Nun geben Sie ihm einen Stift in die Hand. Ihr Kind schaut nur in den Spiegel, setzt den Stift auf die Linie und zieht, nur in den Spiegel schauend, das Muster auf dem Blatt mit seinem Stift nach.

Lass uns Blumen pflücken

Material: vier Malstifte in den Farben Rot, Blau, Grün, Gelb, das vorbereitete Blatt, auf dem am oberen Blattrand vier Häuser mit je einem roten, blauen, grünen und gelben Dach stehen. Von ihnen führen unterschiedliche, sich kreuzende Wege zu je einer Blume.

Aufgabe

Ihr Kind nimmt einen Stift, zum Beispiel den roten. Nun zieht es mit dem roten Stift den Weg vom roten Haus zur entsprechenden Blume. Dann zur blauen usw. Findet Ihr Kind sofort den Weg zur Blume?

Doppelbild

Suchbilder, bei denen in zwei beinahe identischen Abbildungen kleine Abweichungen gesucht werden müssen, fesseln die Aufmerksamkeit der Kinder.

Material: Bereiten Sie ein Blatt vor, auf dem zwei (fast) identische Bilder zu sehen sind. Das eine weist mehrere Abweichungen zum ersten auf.

Hinweis: Oft findet man diese Suchbilder auch in Zeitschriften!

Aufgabe

Ihr Kind soll die Fehler finden.

Musterbild

Material: Malen Sie auf ein weißes Blatt zwei gleich große Quadrate (zum Beispiel 12 x 12 cm). Unterteilen Sie diese Quadrate wieder in gleich große kleinere Kästchen (1 x 1 cm). Nun malen Sie in das linke Raster in die unterschiedlichen Reihen unterschiedliche Zeichen, Zahlen, Formen, Striche, zum Beispiel in zwei Kästchen der ersten Reihe eine »1«, ins achte Kästen der ersten Reihe einen Querstrich, ins fünfte Kästchen in der zweiten Reihe ein Dreieck, ins zehnte Kästchen in der fünften Reihe ein Kreuz usw. Gestalten Sie das linke Raster ganz nach Ihrem Geschmack.

Aufgabe

Dieses Bild legen Sie Ihrem Kind vor. Es bekommt die Aufgabe, diese Formen, Zahlen, Striche genau in das andere Raster zu übertragen.

Hinweis: Die zwei Raster sollten in der Mitte einen Abstand aufweisen. Die Kästchen können Sie der Konzentrationsfähigkeit Ihres Kindes anpassen und, wenn nötig, vergrößern.

Schluss

Ihr Kind kann seine Leistung selbst bewerten und sich ein bis drei Punkte geben. Die Blätter können zur Erinnerung in die Arbeitsmappe geheftet werden. Nun kann es den Trainingszettel für den nächsten Tag ziehen.

26. Tag – Eine fehlerhafte Geschichte

Bei dieser Geschichte wird die Konzentrationsfähigkeit überprüft. Dazu werden Fehler in eine Geschichte eingebaut. Sie werden leicht überhört. Das genaue Hinhören und sofortige Reagieren stehen heute im Mittelpunkt. Hat Ihr Kind etwas Falsches gehört, schlägt es die beiden Kaffeelöffel zusammen.

Material: Grundmaterial; zusätzlich zwei Kaffeelöffel

Vorbereitung

Der Ort, an dem die Geschichte erzählt wird, ist ordentlich und motivierend. Die Grundmaterialien liegen griffbereit.
Zunächst trinkt Ihr Kind etwas Mineralwasser, macht einige Brain-Gym-Übungen und spricht sechsmal leise die Formel aus dem autogenen Training: »Ich habe Mut und mir gelingt alles gut.«
Nun erklären Sie ihm die Trainingsaufgabe und geben ihm die beiden Kaffeelöffel.
Anschließend erzählen Sie die Geschichte oder lesen sie vor.

Geschichte

Ein schöner Spaziergang

Gestern Abend, genau zu der Zeit, als bei uns die Sonne aufging, bekam ich plötzlich große Lust, einen Spaziergang zu machen. Da es schon etwas kühl war, zog ich mir meinen Mantel aus. Ich schloss die Haustür und sah meinen Freund, den Hund Kläff. Als er mich sah, wedelte er mit den Ohren und kläffte dreimal. Da wusste ich, dass Kläff nicht mitgehen wollte. Ich holte die Leine und dann gingen wir zwei los. Mit forschem Schritt gingen wir rückwärts. Unser Weg führte uns zum nahe gelegenen Wald. Die breite Landstraße war menschenleer. Alle, außer Kläff und mir, waren unterwegs. Unser Weg führte uns an saftig braunen Wiesen vorbei. Kläff und ich blieben stehen und schauten uns die herrlichen Wiesen an. Ich schloss meine Augen und atmete zweimal tief aus. Auch Kläff stand ganz still und es sah so aus, als würde er den frischen Duft auch ganz tief ausatmen. Mit einem Mal hörten wir etwas rauschen. Kläff flog auf das Geräusch zu und ich schwamm hinterher. Wir entdeckten eine Quelle. In einem Berg floss frisches, trübes Wasser. Kläff hatte Durst und trank von dem herrlichen Wasser. Auch ich verspürte Durst, schloss meine Hand, hielt sie über den Strahl und trank. Das Wasser schmeckte herrlich frisch. Nun brauchten wir zwei eine Pause. Kläff und ich setzten uns unter die Wiese und schauten in den Himmel. Dort sahen wir keine einzige Wolke. Der Himmel war herrlich grau. Ich öffnete meine Augen und lauschte in die Stille. Es tat gut, so viele Geräusche zu hören. Doch nach einiger Zeit fing Kläff an zu knurren. Er hatte Hunger. Also machten wir uns auf den Heimweg. Zu Hause angekommen zog ich meinen Mantel an und ich nahm Kläff, wie jeden Abend, sein Futter. Auch ich schmierte mir ein Brot und schüttete mir einen Tee aus. Unzufrieden saßen wir beide am Küchentisch und dachten an den schrecklichen Spaziergang.

Schluss

Ihr Kind hat nun die Aufgabe, die gehörte Geschichte möglichst genau richtig nachzuerzählen. Als Zusatzaufgabe kann es, wenn es mag, die Geschichte auch mit all ihren Fehlern nacherzählen. Danach kann es seine Leistung bewerten und die Aufgabe für den nächsten Tag ziehen.

27. Tag – Spiele zur Stärkung der Erinnerung

Am heutigen Tag geht es darum, aus der Erinnerung Dinge richtig zu benennen und Eigenschaften zuzuordnen.

Material: Grundmaterial; zusätzlich eine Stoppuhr, die vorbereiteten Arbeitsblätter, Stifte

Vorbereitung

Malen Sie auf je ein Blatt in der folgenden Reihenfolge untereinander die genannten Dinge (nur die Konturen, die Formen bitte nicht farbig ausmalen).

1. Arbeitsblatt: Farben zuordnen

Sonne	Kirsche	Möhre	Gurke	Kirsche
Gurke	Kartoffel	Gurke	Stern	Zitrone
Zitrone	Stern	Sonne	Banane	Möhre
Kirsche	Banane	Kirsche	Käse	Gurke
Möhre	Möhre	Banane	Möhre	Sonne
Kartoffel	Käse	Käse	Zitrone	Kartoffel
Käse	Gurke	Zitrone	Kartoffel	Stern
Stern	Sonne	Kartoffel	Sonne	Banane
Banane	Zitrone	Stern	Kirsche	Käse

Das Kind soll nun die Farben aus seiner Erinnerung nennen – nicht die Gegenstände benennen.

2. Arbeitsblatt: Förderung der Farberinnerung

Nun malen Sie auf ein zweites Arbeitsblatt die oben genannten Dinge noch einmal und malen diese immer falsch aus (zum Beispiel die Sonne mal grün oder blau, die Möhre mal gelb oder grün usw.). Ihr Kind zeigt auf jedes Ding und nennt dabei schnell die richtige Farbe.

3. Arbeitsblatt: Gegenstände erinnern

Malen Sie fünf Reihen mit neun farbigen dicken Kreisen. Ihr Kind soll nun aus dem Gedächtnis mit Hilfe der Farben die neun Gegenstände vom ersten Arbeitsblatt nennen und davon fünf Reihen bilden. Durch die Farbe wird das Kind an diese Gegenstände erinnert.

Genau schauen, ergänzen, kombinieren, zuordnen – das sind wichtige Konzentrationsaufgaben.

Legen Sie nun alle Materialien griffbereit und sorgen Sie für eine ordentliche, motivierende Umgebung.
Zunächst trinkt Ihr Kind etwas Mineralwasser, macht einige Brain-Gym-Übungen und spricht sechsmal leise die Formel: »Ich habe Mut und mir gelingt alles gut.«
Hinweis: Alle Spiele sind Zeitspiele. Ihr Kind bestimmt die Zeit, zum Beispiel fünf Minuten, und Sie stoppen sie.

Ablauf

Nun bekommt Ihr Kind das erste Arbeitsblatt. Es soll Schritt für Schritt, Reihe für Reihe die richtige Farbe der abgebildeten Dinge nennen.
Danach bekommt Ihr Kind das zweite Arbeitsblatt. Hier soll sich Ihr Kind von den falschen Farben nicht irritieren lassen. Es soll wieder die richtigen Farben nennen.
Jetzt bekommt Ihr Kind das dritte Arbeitsblatt. Nun soll es den Farben die Gegenstände zuordnen.
Nun bekommt Ihr Kind wieder das erste Arbeitsblatt. Es soll den Dingen ohne Farbe Eigenschaften zuordnen, zum Beispiel Sonne – heiß, Kirsche – süß usw. Es zeigt mit dem Finger unter die Dinge und sagt: »heiß« oder »süß« usw.
Zum Schluss soll Ihr Kind aus dem Gedächtnis alle Dinge nennen, die gelb waren, alle Dinge, die rot waren usw.
Variationen: Ist Ihr Kind noch für einen zweiten Durchlauf zu motivieren, so gehen Sie die Aufgaben nochmals durch. Dieses Mal wird die Zeit, die ihm jeweils zur Verfügung steht, verkürzt und die Antworten werden von unten rechts nach oben links gegeben.
Alternativ können die Antworten auch senkrecht von oben nach unten gegeben werden.

Schluss

Ihr Kind kann seine Leistung bewerten und sich ein bis drei Punkte geben. Die Arbeitsblätter werden zur Erinnerung in die Mappe geheftet.

28. Tag – Heute gibt es Grund zu feiern!

Heute ist es an der Zeit, einen Rückblick über die vergangenen Wochen vorzunehmen und sich neue Ziele für die Zukunft zu stecken.

Herzlichen Glückwunsch! Sie haben gemeinsam Ihr Ziel erreicht und Ihr Kind hat mit Erfolg das Trainingsprogramm durchlaufen. Ich hoffe, es hat Ihrem Kind und auch Ihnen Freude gemacht. Nun können Sie diesen Sonntag in Ruhe ausklingen lassen und Ihren gemeinsamen Erfolg feiern. Bestimmt haben diese 28 Tage dazu beigetragen, dass Sie sich gegenseitig ein wenig besser kennen gelernt haben. Sie haben die Stärken und Schwächen Ihres Kindes erlebt und können es nun bestimmt ein wenig gelassener begleiten und ihm hie und da mit einem guten Hinweis hilfreich unter die Arme greifen, wenn die Konzentration mal wieder nachzulassen droht.

Ich möchte Ihnen gerne den Rat geben, dieses Trainingsbuch nicht wegzuräumen. Lassen Sie es in Griffweite Ihres Kindes liegen; denn fruchtbar kann dieses Programm nur sein, wenn es auch nach den vergangenen 28 Tagen noch weitergeführt wird.

Beherzigen Sie vor allem die Grundregeln, die auf den ersten Seiten ausführlich beschrieben wurden. Achten Sie immer auf eine geordnete Umgebung, einen geregelten, überschaubaren Tagesablauf, einen guten Sitz- und Arbeitsplatz. Stellen Sie sicher, dass Ruhe und Anforderungen bei Ihrem Kind im Gleichgewicht sind. Leiten Sie es an, viel zu trinken, regelmäßig Brain-Gym-Übungen durchzuführen und seine Formeln aus dem autogenen Training zu sprechen. Lehren Sie es weiterhin Selbstkontrolle, Selbsteinschätzung, Selbstständigkeit, Zeitplanung usw. Dann kann sich die Konzentrationsfähigkeit Ihres

Kindes mit Sicherheit festigen und ein spielend leichtes Vorwärtskommen wird erkennbar.

Wiederholung schadet nicht, ganz im Gegenteil, sie bringt Sicherheit und baut Selbstvertrauen auf.

Sprechen Sie heute in aller Ruhe das durchlaufene Training noch einmal durch.

Schauen Sie sich gemeinsam die einzelnen Wochen noch einmal an. Erinnern Sie sich mit Hilfe der Bilder an die einzelnen Angebote. Bewerten Sie sie noch einmal und vielleicht wird Ihr Kind selbst den Wunsch äußern weiterzumachen. Es können viele Dinge wiederholt und mit etwas Fantasie abgeändert werden. Wenn Sie Lust haben, suchen Sie sich für heute einen Trainingstag aus, der Ihrem Kind besonders viel Spaß gemacht hat und führen ihn noch einmal durch.

Wenn Sie aber heute noch etwas Neues machen wollen, lade ich Sie zu einer Frage- und Antwortrunde für kluge Köpfe ein. Stellen Sie die Fragen und Ihr Kind antwortet. Und wenn Sie den Mut haben, lassen auch Sie mal Ihr Kind Fragen stellen und Sie beantworten sie.

Dabei kann für je zehn Fragen eine bestimmte Zeit festgelegt und mit der Stoppuhr gemessen werden oder Sie machen die Fragerunde einfach nur zum Spaß.

Alles dreht sich um die FÜNF

Vielleicht haben Sie zum Abschluss dieses Programms für Ihr Kind ein kleines Geschenk, das auch die Förderung der Konzentration weiterhin unterstützt, zum Beispiel ein Buch, ein Puzzle, ein Mandalamalbuch usw.

- Nenn fünf Wörter, in denen das Wort »Sonne« vorkommt.
- Nenn fünf Wörter mit der Endung »ung«.
- Nenn fünf Wörter, die man dreimal klatschen kann.
- Nenn fünf Wörter, in denen ein »Ei« vorkommt.
- Nenn fünf zusammengesetzte Wörter (zum Beispiel Fenster-Bank).
- Nenn fünf Flüsse.
- Nenn fünf Tiere, die fliegen können.
- Nenn fünf Dinge, die sauer schmecken.
- Nenn fünf Dinge, die man trinken kann.
- Nenn fünf Mädchennamen.

Die Zeit messen und gegebenenfalls die Rollen tauschen.

- Nenn fünf Jungennamen.
- Nenn fünf Automarken.
- Nenn fünf verschiedene Bäume.
- Nenn fünf Stars.
- Nenn fünf verschiedene Blumen.
- Nenn fünf Dinge, die man im Bad braucht.
- Nenn fünf Farben.
- Nenn fünf Namen, die mit A beginnen.
- Nenn die fünf Namen der Finger.
- Nenn fünf Obstsorten.

Das Frage- und Antwortspiel kann beliebig weitergeführt werden.

Anhang

Zur Vertiefung: Überkreuzübung und liegende Acht

Der folgende Textauszug stammt aus dem Urania-Titel »Yoga mit Kindern« von Sabina Pilguj. Sie finden hier einige Ideen, wie Sie die grundlegenden Übungen der Überkreuzbewegung und der liegenden Acht immer wieder neu variieren können.

Überkreuzübung (Cross-Crawls)

Die Überkreuzübung ist eine gute Übung für unkonzentrierte Kinder.

Sie aktiviert und harmonisiert beide Gehirnhälften, dadurch ergibt sich eine bessere Rechts-Links-Koordination und ein verbessertes Sehen und Hören.

Das menschliche Gehirn besteht aus zwei Gehirnhälften. Jede Gehirnhälfte hat eine eigene Anlage. Die linke Gehirnhälfte ist stärker für das rational-logische, sprachliche Denken zuständig, die rechte für das intuitiv-gefühlsmäßige Denken. Dabei steuert die linke Gehirnhälfte die rechte Körperseite, die rechte Gehirnhälfte die linke Körperseite. Nur wenn beide Gehirnhälften gut zusammenarbeiten, ist erfolgreiches, müheloses und konzentriertes Lernen möglich.

Die Übung wird stehend ausgeführt, der rechte Arm und das linke Knie werden angehoben, dann der linke Arm und das rechte Knie. Arm und Bein bewegen sich immer diagonal. Beginnen Sie langsam. Für jüngere Kinder ist es eine gute Hilfe, wenn gegenüberliegendes Knie und Arm mit einem gleichen Aufkleber gekennzeichnet werden. Knie und gegenüberliegender Ellenbogen berühren sich. Seien Sie sehr geduldig und führen Sie die Übung bei jüngeren Kindern sehr langsam durch.

Varianten:

- Gegenüberliegender Arm und Knie berühren sich.
- Rechter Arm gestreckt nach oben, dazu wird das linke Knie angehoben, danach linker Arm und rechtes Knie.

- Linker Arm und rechtes Bein werden jeweils zur Seite gestreckt sowie rechter Arm und linkes Bein.
- Hinter dem Rücken zusammenführen wie beim Schuhplattler: Linke Hand berührt rechten Fuß und rechte Hand berührt linken Fuß. Achten Sie bitte darauf, dass die Bewegung korrekt ausgeführt wird.

Liegende Acht

Ganz locker stehen die Kinder aufrecht. Die Arme und Hände werden nach vorn ausgestreckt. Schwingend und locker beschreiben die Kinder mit Armen, Händen und Oberkörper liegende Achter. Nachfolgend finden Sie verschiedene Variationen. Wichtig ist, dass von der Mitte ausgehend die erste Schlaufe nach links oben gemalt wird. Der Kreuzpunkt der Acht soll in Augenhöhe oberhalb der Nasenwurzel zwischen beiden Augen liegen. Die Achter können mal ganz groß und mal ganz klein gemalt werden. Beim Malen soll der ganze Körper in dieser Energie mitschwingen.

Die liegende Acht bringt eine Harmonisierung der beiden Gehirnhälften. Sie hilft Kindern mit Rechtschreibschwierigkeiten und fördert die Konzentration.

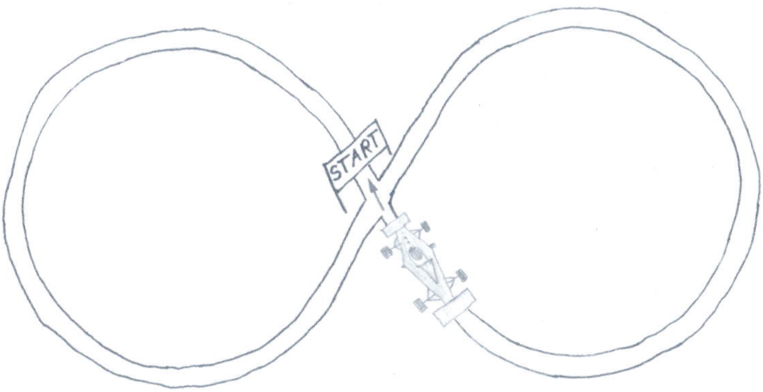

Varianten:

- Ein Arm wird ausgestreckt, der Daumen zeigt in Augenhöhe nach oben. Wie oben beschrieben, wird eine liegende Acht gemalt. Die Augen folgen der Bewegung. Arm wechseln und wieder einige Achter malen.
- Beide Arme ausstrecken, die Daumen überkreuzen sich. Wieder einige liegende Achter malen. Der Abstand zum Auge kann sich auch verändern, mal die Acht ganz nah malen und dann so weit vom Auge entfernt, wie die Arme es erlauben.
- Liegende Achter nur mit den Augen malen.
- Auf einer Tafel werden große bunte liegende Achter gemalt.
- Bewegungen mit bunten Tüchern oder Krepp-Papierschlangen machen.
- Eine Murmel auf einer liegenden Holzacht laufen lassen.

- Ich lasse die liegende Acht auch oft vor dem Yogaunterricht auf ein leeres Blatt mit Stiften malen. Die Kinder spielen Autorennen. Die Rennbahn verwandelt sich in eine liegende Acht, der Stift als Rennwagen saust in Form einer liegenden Acht auf der Rennstrecke.

Ich versuche die Kinder zu motivieren, diese Übung zu Hause immer wieder zu machen, um die schulischen Leistungen zu fördern. Durch die liegende Acht werden beide Gehirnhälften aktiviert. Das Sehen mit beiden Augen wird verbessert und Buchstabenverwechselungen beim lese- und rechtschreibschwachen Kind können vermindert, ja sogar behoben werden.

Literaturverzeichnis

Udo Neumann: Autogenes Training für Kinder. Südwest Verlag, 1995

Barbara Innecken: Kinesiologie – Kinder finden ihr Gleichgewicht. Don Bosco, 2000

Petra Droßowsky: Kinder entspannen mit Yoga. Verlag an der Ruhr, 1996

Klausbernd Vollmar: Farben – Ihre natürliche Heilkraft. Gräfe und Unzer

Sabine Friedrich / Volker Friebel: Entspannung für Kinder. Rowohlt, 1993

Charmaine Liebertz: Spiele zum ganzheitlichen Lernen. Don Bosco, 2000

R. Portmann / E. Schneider: Spiele zur Entspannung und Konzentration. Don Bosco, 2002